烟台市人才发展蓝皮书

（2025）

山东省人才发展战略研究院
烟台市人才科创发展研究院

主　编　唐贵瑶　崔　浩
副主编　胡文安　胡冬青　亓　杰　孙海荣

山东大学出版社
SHANDONG UNIVERSITY PRESS
·济　南·

图书在版编目(CIP)数据

烟台市人才发展蓝皮书.2025 / 唐贵瑶,崔浩主编.
济南:山东大学出版社, 2025. 7. -- ISBN 978-7-5607-9056-5

Ⅰ. C964.2

中国国家版本馆CIP数据核字第202532AD10号

责任编辑　邵淑君
封面设计　杜　婕

烟台市人才发展蓝皮书(2025)
YANTAI SHI RENCAI FAZHAN LANPISHU (2025)

出版发行　山东大学出版社
社　　址　山东省济南市山大南路20号
邮政编码　250100
发行热线　(0531)88363008
经　　销　新华书店
印　　刷　济南乾丰云印刷科技有限公司
规　　格　787毫米×1092毫米　1/16
　　　　　13.25印张　200千字
版　　次　2025年7月第1版
印　　次　2025年7月第1次印刷
定　　价　68.00元

本书获国家社会科学基金重大项目《世界重点国家的科技创新体系和人才战略研究》(项目编号:24&ZD294)和山东省泰山学者青年专家项目(项目编号:tsqn202211029)资助出版

烟台市人才发展蓝皮书（2025）
编　委　会

前　言

人才是实现民族振兴、赢得国际竞争主动的战略资源。党的十八大以来，习近平总书记多次强调，要深入实施新时代人才强国战略，全方位培养、引进、用好人才，加快建设世界重要人才中心和创新高地。从“人才是第一资源”到“聚天下英才而用之”，从“创新驱动实质上是人才驱动”到“为人才松绑”，这些重要论述都为新时代人才工作指明了前进方向，提供了根本遵循。

烟台市作为山东省“三核引领”城市之一，近年来坚持以习近平新时代中国特色社会主义思想为指导，认真学习贯彻习近平总书记关于做好新时代人才工作的重要思想，深入贯彻国家和山东省关于人才工作的战略部署，将人才工作置于经济社会发展核心位置，不断优化人才发展环境，完善人才服务保障体系，全力推动人才队伍建设，全市人才总量稳步增长，高层次人才和创新型人才数量不断增加，人才结构持续优化，人才创新创业活力显著提升，为高水平科技自立自强和新时代社会主义现代化强市建设提供了强有力的保障。

人才作为推动烟台市迈向高质量发展的核心引擎，其价值和意义也在多个维度深度彰显，全方位重塑着烟台这座城市的竞争力、活力与未来走向。从经济发展的角度，烟台正加速从传统产业主导的发展模式向创新驱动的现代化经济体系迈进，航空航天、生物医药、清洁能源等新兴产业蓬勃发展，这些领域无一例外地依赖于高端专业人才的智力支持；在社会进步方面，人才的流入为烟台注入了源源不断的活力，不同领域人才的思想碰撞,催生了新的文化理念和社会价值观,引领烟台社会风尚的变革,推动社会朝着更加文明、进步的方向发展;在科研创新层面,人才是烟台打造创新高地的关键,烟台的科研机构和高校因人才而兴,众多人才在这里开展前沿研究,提升了烟台的科研水平,加速了科技成果的转化和产业化应用,使烟台在创新驱动发展战略中找到了自己的坐标,为城市的可持续发展奠定了坚实基础。

“致天下之治者在人才”,新时代新征程,国家发展的宏伟蓝图由人才之手精心绘制,民族振兴的希望则深深寄托于人才之肩。当今我国正经历着历史上最为广泛而深刻的社会变革,正进行着人类历史上最为宏大而独特的实践创新,正迫切需要人才、呼唤人才。奋进新时代,实现新发展,要想乘上这辆高速发展的“快车”,烟台市就必须搭平台、给舞台,在人才的培养使用、人才服务、文化氛围营造等方面精耕细作,既要创造公正平等、竞争择优的制度环境,也要营造鼓励创新的良好氛围,真正聚天下英才而用之,让人才活力竞相迸发,让更多千里马竞相奔腾。

编　者

2025年6月

目　录

主报告

案例研究篇

媒体聚焦篇

主报告

第一章　烟台市人才发展现状

近年来，烟台市坚持以习近平新时代中国特色社会主义思想为指导，深入学习贯彻党的二十大和二十届二中、三中全会精神及习近平总书记关于做好新时代人才工作的重要思想，全面贯彻落实党中央决策部署和省委、市委工作要求，锚定“在全省当标杆、在全国争一流”目标，深入推动实施“科教强市”“人才兴市”战略，强化人才引育创新，优化人才发展生态，加快构建具有烟台特色的区域人才中心和创新高地。

一、人才引育集聚情况

目前，烟台市人才资源总量突破220万人，高层次人才达到15万人，高技能人才达到35万人，常年在烟工作的外籍人才3000余人；全市市级以上重点工程人才4500余人，其中，建立合作关系的院士86人，国家级人才246人，省泰山系列人才479人。累计获得国家、省科技奖407项，其中，国家科技进步奖一等奖4项。近3年，共引进1700名博士、18817名硕士、近20万名大学生，是全省唯一连续7年培育出“齐鲁大工匠”的地市，入选国家卓越工程师团队（全省唯一）。在“中国最具人才吸引力城市”“中国‘95后’最具人才吸引力城市”榜单中均列中国北方地级城市第1位。

一是顶额支持战略人才。对顶尖人才（团队）实行“一事一议”引进政策，提供最高1亿元综合资助和1.5亿元股权投资支持。赋予16条产业链龙头企业“一事一议”引进顶尖人才（团队）政策定制权，企业可根据需要自主制定引进政策，最大限度激发企业自主引才积极性。加强与国内外大院大所的合作，实行院士团队人才、平台、项目一体化、整建制引进，先后引进李德仁、龚健雅、刘维民、郑志明等一批院士(团队)。

二是精准引育领军人才。自2009年开始，围绕支撑重点产业发展，实施高端人才引育“双百计划”，共引进培育“双百计划”人才670名，累计研发新产品、新技术1900余项。自2020年开始，推行省级以上领军人才配套扶持机制，在国家、省政策扶持资金基础上，市级再提供最高600万元综合配套资助，鼓励人才开展科研创新。自2016年开始，连续举办十届中国·烟台海内外精英创业大赛，通过以赛引才方式，精准引进产业链补链、强链的高层次人才创业项目，共吸引280多个人才项目落户烟台。从2024年开始，实施产业领军人才“优聘计划”，对企业自主招聘无法引进的急需紧缺人才，由组织和人社部门统一发布招聘公告、统一搭建对接平台、统一推动签约落地、统一兑现政策待遇，通过政府背书、政策赋能、政企联动，帮助企业精准引才。自2022年以来，烟台连续3年每年均有两项科技成果入选全省十大科技创新成果，数量居全省第一；2023年同时荣获山东省科学技术最高奖和山东省科学技术青年奖；2024年39项成果获得山东省科学技术奖，领军人才牵头的一等奖及以上奖励7项，其中特等奖1项，获奖数量创历年新高。

三是广泛招引青年人才。实施青年人才“百千万”集聚计划，每年由市级领导带队开展“名企名校行”“千企万岗进校园”等系列招聘活动。连续4年专门面向清华大学、北京大学开展大学生暑期社会实践活动。成功举办第二届全国博士后创新创业大赛，吸引2357名海内外博士后、1457个创新创业项目参赛。实施青年干部人才“菁英计划”，每年面向重点高校选聘优秀毕业生，作为年轻干部储备人选进行重点培养。自2025年开始，实施省实验室与中小企业“共引共用博士计划”，把人才的人事关系放在省实验室，把人才安排到企业工作，实现人才双聘双跨、共引共用。芝罘区、福山区、海阳市入选“全省青年发展友好型县域试点城市”，龙口市、蓬莱区、海阳市入选“青年人才首选山东20强城市(20大潜力城市)”。“打造青年发展友好型城市烟台样板”的经验做法入选“全国人才工作优秀创新案例”。

四是大力培育技能人才。在全省率先成立“烟台工匠学院”和“工匠孵化联盟”，推动设立“万华产业学院”等产业学院24个，组建产教联盟、公共实训基地14个。在哈尔滨工程大学烟台研究院设立黄渤海新区卓越工程师学院，年可培养100名以上具有前沿技术能力的应用型技术人才，是全省唯一获批的国家卓越工程师学院山东工程师技术中心。面向40个行业107个工种，每年开展“十万精英大比武”系列竞赛活动，推动“跨产业”“跨企业”“跨工种”组建协同创新工作室2400余家。

二、人才载体平台情况

烟台市主动融入全省“2＋N”人才集聚雁阵格局，全面加强与“高校系”“中科系”“国际系”合作，不断加大高能级平台规划建设力度，推动人才、平台、产业系统化融合、一体化发展。

一是着力打造产才融合发展示范区。高新区重点布局沿科技大道科技创新发展带、沿火炬大道新型产业发展带，重点集聚生物医药、航空航天等领域人才，打造国内重大科技成果策源地和新兴产业技术先导区。黄渤海新区重点布局八角湾中央创新区、环磁山国际科研走廊等功能区，重点集聚绿色石化、高端装备等领域人才，打造全球高端化工人才集聚区和国家高端装备制造基地。裕龙岛重点布局裕龙石化产业园、龙口高端低碳绿色新材料产业园等功能区，重点集聚炼化一体化、精细化工等领域人才，打造“国内领先、世界一流”的世界级生态石化园区。生命岛重点布局“蓝色药谷•生命岛”、超级工厂两大片区，重点集聚医用同位素药物及应用、干细胞与再生医学等领域人才，打造国内重要的生命科学创新引领核心区。丁字湾新型能源创新区重点布局核风光氢储一体化基地、东方航天港等，重点集聚核能综合利用、航空航天等领域人才，打造全国绿电制造样板区、国家新型工业化示范区。

二是优化提升驻烟高校实力水平。每年设立6000万元校地融合发展资金，专项用于驻烟高校人才引进、学科建设，累计创建35个省级品牌专业（群）、55个市级示范性专业、23个省级及以上产教融合实训基地。烟台大学法学、数学、药学3个学科正式获批一级学科博士学位授权点，实现了驻烟高校博士点零的突破。烟台大学与绿叶制药共建的“药学院”,首创校企“双薪双体制”共引共育人才模式,累计培养复合型医药人才1500余名。滨州医学院升格并更名为山东医药大学,正在履行审批手续。新增烟台市卫生健康职业学院、烟台市城市科技职业学院两所高职院校,大专以上驻烟高校达到21所。全面推进与“双一流”高校合作,成功引进北京大学—万华化学联合研发中心、北京化工大学烟台研究院、南京航空航天大学科创智谷、武汉大学东方航天港研究院等一批重大科创平台,正在加快推进建设山东大学烟台新旧动能转换研究院、崂山国家实验室零碳海岛国际合作研究中心等重大科创平台。

三是建设一流的科技创新平台。按照“一个产业集群、一个科创平台”思路,先后布局建设先进药物递释系统全国重点实验室、高性能有机光学聚合物与先进制造技术全国重点实验室、全国微纳制造领域唯一的国家级微纳制造创新中心、先进材料与绿色制造山东省实验室、新药创制山东省实验室等省级以上科创平台447个。成功争取我国首个专门面向日韩的国际创新交流合作平台——国家科技部中日韩创新合作中心总部落户烟台。目前,全市高新技术企业、专精特新企业分别达到2500家、1530家,高新技术产业产值占规模以上工业产值比重达到64.31%,高出全省平均水平10个百分点。

三、人才体制机制情况

烟台市牢固树立“大人才”理念,持续优化党管人才工作体系和推进机制,构建完善党委统一领导,组织部门牵头抓总,职能部门各司其职、密切配合,社会力量广泛参与的人才工作格局。

一是系统化完善工作推进机制。强力推进“一把手”抓“第一资源”,顶格设立市、县两级人才工作领导小组,全部实现书记、市长担任“双组长”,建立起“市级领导牵头、责任部门协同”的重点目标任务推进机制。实施党委书记人才工作项目,连续5年组织实施“一区市一品牌、一部门一特色”人才工作。在省内首创“人才+科创”双业务板块、“企业法人+事业法人”双架构模式，组建烟台市人才科创发展集团和烟台市人才科创发展研究院，由集团担当市场运营商，由研究院担当专家智能团，有效推动人才工作市场化、专业化建设。

二是创新性推进“四链”融合机制。坚持“教育、科技、产业、人才”一体谋划布局，面向石化及化工新材料、生物医药、清洁能源、海洋工程、航空航天等重点产业领域，统筹实施引育一批科技领军人才、攻克一批关键核心技术、促成一批产教融合成果、搭建一批高端创新平台、培育一批人才引领企业、举办一批“四链”融合活动“6个一批”重点任务，探索建立以人才链为总牵引，优化教育链、激活创新链、服务产业链的“四链”融合工作机制。聚焦赋能蓝色药谷•生命岛、东方航天港等重点园区发展，探索开展党建引领“四链”融合发展试点，以行业主管部门为中心、龙头企业为引领、属地镇街为保障、产业链上下游关联单位和其他企业为成员成立综合党委，下设人才引育、创新科研、教育支撑、产业发展、金融赋能五个专项委员会，在综合党委统一领导下，整合资源力量，推动产学研用深度融合。

三是全方位升级人才政策体系。坚持“最优加一点”，先后三轮升级人才扶持政策，全面构建起“顶尖人才亿元支持、领军人才百万配套、青年人才十万资助、技能人才万元补贴”政策体系，在省内率先实现省级以上领军人才普惠性配套政策全覆盖，从博士到大专、从首席技师到初级工普惠性补贴全覆盖，中央、省属驻烟单位人才同城化待遇全覆盖。

四、人才服务生态情况

烟台市坚持把人才服务作为头等大事来抓，工作重心逐步由拼政策向拼机制、拼服务、拼生态转变，聚焦“乐居、乐业、乐创、乐享”，精心打造近悦远来人才发展生态。

一是服务标准化。在全市206个服务窗口专门开辟人才绿色服务通道，配备700余名服务专员，推行LOGO标识、氛围营造、服务引导、身份认证、资料摆放、服务流程、制作工艺“七个标准化”，努力将人才服务打造成全市一道亮丽的“风景线”，被列为“全省高层次人才标准化服务体系建设试点”。

二是服务智能化。在省内率先开通高层次人才智慧服务平台,全面实现人才政策“一键查询”、人才工程“一站申报”、人才补贴“即申立享”、人才服务“一站供给”,被评为“全省大数据创新应用典型场景”。

三是服务常态化。以高层次人才分类认定为基础,颁发烟台优才卡作为身份标识,累计发放2.1万张,在省内发放数量最多、范围最广。人才持卡根据分类认定类别,可对应享受配偶安置、医疗保健、文化休闲、公寓租赁等30余项公共服务和500余户商家服务。

四是服务品质化。分综合功能型、功能提升型、工业企业型、高端公寓型4种类型,集中打造30处“产城融合、职住一体”高品质人才社区。首批推出5处样板“人才社区”和13处“人才之家”。

五是服务专业化。烟台国家级留学人员创业园是国内最早设立的国家级留学人员创业园之一,总面积12万平方米,目前已吸引540余名海外人才入园,累计创办科技型企业1230余家。烟台国家级人力资源服务产业园是全国第四家、全省首家国家级人力资源服务产业园,总面积3万平方米,目前已入驻万宝盛华、智联招聘等知名服务机构52家,年产值达到90亿元。烟台高层次人才创业园是市委、市政府打造的全市高层次人才创新创业的集聚中心和示范基地,在高新区、莱山区、福山区和开发区设有分园,总面积22万平方米,目前已入驻优质创业项目170多个,其中60%以上由省级以上领军人才创办。烟台国际人才港是山东自贸区烟台片区规划建设的八大中心之一,总面积6万平方米,目前已入驻知名服务机构21家、行业百强机构5家,是全省首家国家级人力资源服务产业园分园。

第二章　烟台市人才竞争力研究说明

习近平总书记在中央人才工作会议上深刻指出:“人才是衡量一个国家综合国力的重要指标。国家发展靠人才,民族振兴靠人才。”面对百年未有之大变局,要想在新一轮科技竞争中抓住机遇、赢得优势、占据一席之地,归根结底要依靠人才的力量,持续推进人才体制机制改革,全方位培养引进使用人才,推动各类人才创新活力竞相迸发。

党的十八大以来,烟台市深入学习贯彻习近平总书记关于做好新时代人才工作的重要思想和对山东工作的重要指示精神,积极落实省委科教强鲁、人才兴鲁战略部署,加快打造具有烟台特色的区域人才中心和创新高地,党管人才工作格局不断优化,人才政策体系日趋完备,人才队伍规模和素质持续提升,人才平台载体建设提档升级,人才发展环境持续向好。但从经济社会高质量发展和新旧动能转换的角度来看,与人才工作先进地区相比,烟台市人才队伍结构在多个方面还有待优化,人才竞争力有待提升。因此,深入分析烟台各区市人才队伍现状,分析其人才竞争力,剖析人才队伍建设中存在的深层次问题,从而提出增强烟台人才竞争力的建议和对策,成为目前亟待解决的问题。

欲实现上述目的,其前提是构建科学、合理的人才竞争力指标体系,通过定量评价的方式客观呈现烟台下辖13区市人才发展现实情况。山东省人才发展战略研究院(Shandong Institute of Talent Development Strategy,以下简称“山东省人才院”/“SITDS”)研究团队在梳理以往人才竞争力评价指标体系的基础上,以竞争优势理论为框架,设计了一套契合地方实际的人才竞争力评价模型,采集最新数据对13区市的人才竞争力进行综合性的定量评价、分析。

一、人才竞争力定义

近年来,关于人才竞争力方面的研究呈现出“百花齐放”的态势。从人才竞争力的概念来看,研究者尚未就此达成共识。通过对以往概念的梳理,我们认为可以大致将之划分为三个方面的观点:

一是要素论,即人才竞争力是一种以自然资源、社会制度和经济环境等竞争性要素为基础的比较优势,与其他区域相比具有更强的人才吸引、聚集和使用效率。该观点强调人才竞争力的竞争优势作用,倡导根据区域自身特点,发挥人才竞争力在实现组织战略、推动业务发展、发挥人才效能等领域的相对竞争优势。

二是能力论,即人才竞争力是一种能力,如对人才要素的优化配置能力、吸引力和市场争夺力。该观点认为,区域人才竞争力是某地区通过人才战略、人才政策等表现出的吸引、利用人才资源的能力,且“人才吸引力”涵盖环境吸引力、经济吸引力、社会文化吸引力等多种因素,内涵非常丰富。

三是综合论,即人才竞争力是一种“综合”竞争优势,可以从人才综合实力、人才内在竞争力和人才环境竞争力等方面进行评价。在该观点中,人才竞争力通常被视为区域经济发展中的核心竞争力,表示为某地区人才资源的数量、质量、结构、潜能、效能等人才因素有机结合和高度凝练,量化后形成的整体实力。此外,也有学者认为应当从静态和动态两方面评价人才综合竞争力,衡量某地区与其他地区相比在人才数量、质量、人力资本存量以及人才的获取发展和保留方面的能力。与以上两种观点相比,综合论所涵盖的指标范围更适应当前国内区域人才竞争力的发展需求,更能体现人才的竞争优势作用,在国内学者构建人才竞争力评价指标体系过程中得到广泛应用。

竞争力是一个相对概念,体现的是某一区域与其他区域在基础要素、能力以及环境因素等方面的比较优势。波特竞争优势理论一直以来作为分析国家产业竞争比较优势的科学范式,被广泛应用到各类竞争力评价的研究中。因此，本研究借鉴这一理论，对上述“综合论”进行扩展，将人才竞争力定义为多位一体的互动系统，反映了区域之间在人才资源要素、需求条件、辅助条件、结构要素、市场和政策等方面的综合竞争优势。

二、SITDS人才竞争力模型

竞争优势理论认为一个国家或地区的产业竞争力取决于6个要素的共同作用，这6个要素分别是：资源要素，需求条件，相关支持产业，企业战略、结构及同业竞争，政府，机遇。其中，资源要素包括人力资源、天然资源、知识资源、资本资源、基础设施等；需求条件是指本国或地区的市场需求情况；相关支持产业是指产业上下游的相关产业是否具有国际竞争力；企业战略、结构和同业竞争指高效的管理组织方式、先进的企业文化和强有力的竞争对手等；政府是指政府制定的相关政策和法律法规等；机遇是指对某些市场产生影响的环境和局势。

山东省人才院研究团队在梳理以往人才竞争力评价模型的基础上，以竞争优势理论对人才竞争力产生的内在原因进行系统性理论分析，构建了契合区域特色的SITDS人才竞争力模型，如图2.1所示。

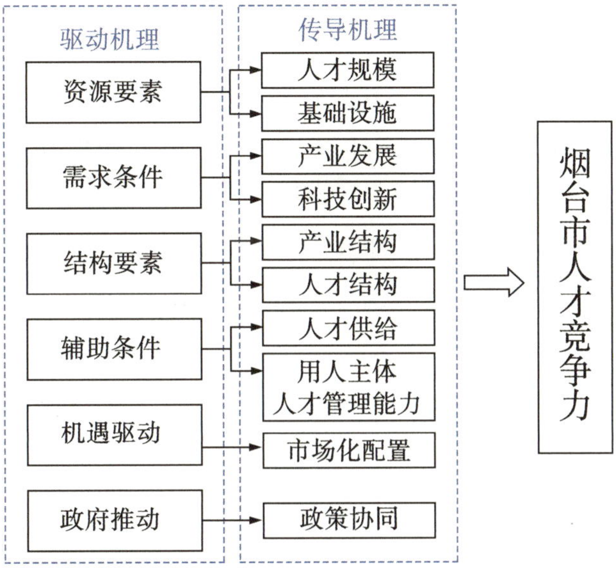

图2.1　山东省人才院构建的烟台市人才竞争力评价模型

(一)资源要素

资源要素包括人力资源、天然资源、知识资源、资本资源、基础设施等。拥有充足、高质量的资源要素有利于提升人才竞争力。本研究在资源要素一级指标下,设计了人才规模、基础设施两个二级指标和9个三级指标。人才规模是培育发展人才竞争力的基础。一般来说,人才规模越大,培育更多高素质人才的概率就越高,同时也更容易形成人才集群效应,高效释放人才效益。基础设施是培育发展人才竞争力的重要保障和有力支撑。基础设施是人才环境的重要组成部分,其完善程度显著影响着人才环境发展状况。人才作为最能动的生产要素,对社会环境、生态环境、生活环境等较为敏感。完善的基础设施有利于营造良好的人才环境,进而有利于吸引和留住人才,增强人才竞争力。

主要指标的基本概念及资料来源如下:

人口总量:指一个地区某年的平均人口,即年初总人口与年底总人口的算术平均值。

就业人口总量:指在一定年龄范围内、具备劳动能力、从事一定社会劳动并取得劳动报酬或经营收入的人口。在我国,特指16岁及以上人口中具有上述特征者。

R&D人员总量:R&D是指在科学技术领域,为增加知识总量以及运用这些知识去创造新的应用而进行的系统的、创造性的活动,包括基础研究、应用研究、试验发展三类活动。R&D人员指在报告期内企业内部从事R&D活动的人员,包括直接参加R&D项目活动的人员,R&D项目管理人员以及为R&D活动提供资料文献、材料供应、设备维护等直接服务的人员。

高层次人才数量:高层次人才泛指已经获得一定级别以上荣誉称号的人才,本研究因研究需要将其设定为获得市级及以上各类荣誉称号的重点人才。

卫生机构数量:卫生机构包括医疗机构、疾病预防控制中心(防疫站)、采供血机构、卫生监督及监测(检验)机构、医学科研和在职培训机构。

每万人执业医师数量：执业医师是指具有医师执业证及其级别为“执业医师”且实际从事医疗、预防保健工作的人员，本研究指每万人拥有的执业医师平均数量。

中小学学校数量：指拥有能执行小学教育和中等教育的学校的数量。

每万人教师数量：指每万人中拥有教师资格证的教师平均数量。

幼儿园、中小学教育质量：包含学生素质、课程教学、教师专业化、物质资源和组织文化等多种因素及其发展潜能和发展程度。本研究采用问卷调查和访谈的方式对该指标进行推断，以问卷得分的形式体现。

（二）需求条件

需求条件是指本国或地区的市场需求情况。一个国家或地区劳动力市场的需求情况影响着人才竞争力。通常来说，一个国家或地区劳动力市场中高质量就业机会越充足，人才发展环境、提供的劳动报酬等条件越优越，越有利于提升人才竞争力。

在需求条件这一一级指标下，本研究设计了产业发展和科技创新两个二级指标和10个三级指标。产业发展情况影响着人才需求结构和人才环境，并引导着劳动力市场的未来发展趋势。一般而言，产业发展情况越好，对人才的吸引力就会越大，同时也会大大降低留住人才的难度，有利于推动形成现代化的人才体系，提升人才竞争力。科技创新是影响需求条件的重要因素。科技创新为信息技术等产业的高层次人才提供了高质量就业机会，有利于吸引更多高层次人才、科研人才，增强人才队伍的创新能力。

主要指标的基本概念及资料来源如下：

人均地区生产总值：指一个国家或地区在核算期内（通常为一年）实现的生产总值与所属范围内的常住人口的比值。

产值利润率：指一定时期的销售利润总额与总产值之比，它表明单位产值获得的利润，反映产值与利润的关系。在本研究中，计算方法为工业企业主营业务收入与工业企业主营业务成本的比值。

平均劳动者报酬：劳动者的劳动报酬是指劳动者付出劳动后的应得货

币回报,劳动报酬由基本工资和辅助工资两大部分组成。其中,基本工资包括计时工资和计件工资;辅助工资是依国家政策规定支付给劳动者的基本工资之外的费用,包括奖金、津贴和补贴及加班、特殊情况下支付的费用等。平均劳动者报酬指在一定时期内某地区每名职工所获劳动报酬的平均值。

用人主体数量:即符合法定条件的用人单位数量,指的是我国境内的企业、个体户、其他组织等,也包括国家机关、事业单位等。

进出口总额占GDP比重:进出口总额是指实际进出我国国境的货物总金额。进出口总额用以观察一个国家在对外贸易方面的总规模。我国规定出口货物按离岸价格统计,进口货物按到岸价格统计。

全员劳动生产率:是反映一个地区所有从业者在一定时期内创造的劳动成果与其相适应的劳动消耗量的比值,衡量劳动力要素的投入产出效率。

科技支出占GDP比重:指政府一般公共预算支出中科学技术支出占当年地区生产总值的比重。

万人发明专利拥有量:指每万人拥有的经国内外知识产权行政部门授权且在有效期内的发明专利件数。

规模以上工业研发强度:规模以上工业企业为年主营业务收入2000万元及以上的法人单位;在本研究中,计算方法为规模以上工业企业研发经费与规模以上工业企业主营业务收入比值。

知识产权保护力度:知识产权是基于创造成果和工商标记依法产生的权利的统称。最主要的三种知识产权是著作权、专利权和商标权。知识产权保护力度指国家或地区为保护知识产权而制定的法律法规、制度规范及其实施力度。

(三)结构要素

结构要素影响着高质量人才占比,进而影响着人才竞争力。在结构要素一级指标之下,本研究设计了产业结构和人才结构两个二级指标和9个三级指标。

主要指标的基本概念及资料来源如下：

产业结构服务化指数：产业结构服务化是指随着生产力的迅速发展以及国民收入的不断提高，第三产业（也称“广义服务业”或“服务业”）在地区生产总值和就业中所占比例越来越大，最终占据主要地位，实质就是第三产业（服务业）由低级向高级、由简单向复杂演变的发展过程，是与工业化、城镇化等概念相对应的新概念。在本研究中，计算方法为第三产业产值与地区生产总值比值。

产业结构高级化指数：产业结构高级化是指一国经济发展重点或产业结构重心由第一产业向第二产业和第三产业逐次转移的过程，标志着一国经济发展水平的高低和发展阶段、方向。

高新技术产业占规模以上工业产值比重：指高新技术产业产值与规模以上工业总产值的比值。

优质科技用人主体比重：优质科技用人主体包括市级以上科技企业孵化器、众创空间、科技中小微企业入库企业、市级以上创业示范平台、专精特新企业、小型微型企业、创业创新示范基地、特色产业基地等。在本研究中，计算方法为优质科技用人主体与用人主体总量比值。

工业贡献率：贡献率是分析经济效益的一个指标，用于分析经济增长中各因素作用大小的程度，工业贡献率指第二产业增加值与地区生产总值的比值。

万元GDP能耗下降强度：万元GDP能耗是指一个地区在报告期内（如一个季度、一年等）创造每一万元所耗费的综合能源消费量。计算公式为：万元GDP能耗＝综合能源消费量（吨标准煤）/GDP（万元）。

劳动适龄人口占比：指年龄在16—64岁且具有劳动能力的人口数量占总人口的比重。

每万人R&D人员数量：指每万人拥有的R&D人员平均数量。

高层次人才强度：高层次人才指在人才队伍各个领域中层次比较高的优秀人才，本研究将其设定为具有正高级职称的专家数量与获得市级及以上各类荣誉称号的人才。高层次人才强度是指一个地区平均每一万个劳动适龄人口中高层次人才的数量。

(四)辅助条件

辅助条件在人才竞争力的培育和提升过程中起着支持与辅助作用。本研究将人才供给和用人主体人才管理能力作为辅助条件的二级指标进行研究,并设计了5个可测量的三级指标。

主要指标的基本概念及资料来源如下:

大中专院校数量:指全日制普通高校与普通中等专业学校数量之和。

教育支出占GDP比重:指政府教育支出与GDP的比值。

博士后工作站数量:博士后工作站是指在企业、科研生产型事业单位和特殊的区域性机构内,经批准可以招收和培养博士后研究人员的组织。

人力资源管理实践:指企业中人力资源管理部门为实现组织目标对人力资源进行管理的实践集合,其根本目标是促进企业发展,内容上包含人员招聘、薪酬管理、培训、绩效考核、员工参与等。资料来源于调查问卷。

组织人才生态:指人才所处的组织及其以下的局部环境,作为人才生存与发展的多维空间载体,企业人才生态系统已经演变成为企业之间综合实力竞争的重要工具。资料来源于调查问卷。

(五)机遇驱动

机遇是指对某些市场产生影响的环境和局势。该指标能够对劳动力市场产生影响,进而影响人才竞争力。本研究将市场化配置作为机遇驱动的二级指标,并设计了3个可测量的三级指标。

主要指标的基本概念及资料来源如下:

创业环境:指劳动适龄人口进行创业所面对的市场环境。本研究采用问卷调查和访谈的方式进行推断,以问卷得分的形式体现。

就业环境:指劳动适龄人口在就业时所面对的市场环境。本研究采用问卷调查和访谈的方式进行推断,以问卷得分的形式体现。

劳动市场开放度:指劳动市场中劳动力要素能自由流动的程度。本研究采用问卷调查和访谈的方式对该指标进行推断,以问卷得分的形式体现。

（六）政府推动

政府政策为人才发展提供制度支撑，是培育和提升人才竞争力的重要维度。在政府推动指标下，本研究设计了政策协同二级指标和2个三级指标。

主要指标的基本概念及资料来源如下：

人才政策吸引度和激励度：指人才政策对人才的吸引和激励程度。本研究采用问卷调查和访谈的方式对该指标进行推断，以问卷得分的形式体现。

人才政策满意度：指人才对于各项人才政策的满意程度。本研究采用问卷调查和访谈的方式对该指标进行推断，以问卷得分的形式体现。

人才竞争力评价指标汇总如表2.1所示。

表2.1　山东省人才院构建的烟台市人才竞争力评价模型

一级指标（驱动机理）	二级指标（传导机理）	三级指标	单位或资料来源	数据范围
资源要素	人才规模	人口总量	万人	烟台市各区市/市级
		就业人口总量	万人	烟台市各区市/市级
		R&D人员总量	人	烟台市各区市/市级
		高层次人才数量	人	烟台市各区市/市级
	基础设施	卫生机构数量	个	烟台市各区市/市级
		每万人执业医师数量	人/万人	烟台市各区市/市级
		中小学学校数量	个	烟台市各区市/市级
		每万人教师数量	人/万人	烟台市各区市/市级
		幼儿园、中小学教育质量	问卷	烟台市各区市/市级
需求条件	产业发展	人均地区生产总值	元/人	烟台市各区市/市级
		产值利润率	%	烟台市各区市/市级
		平均劳动者报酬	元	烟台市各区市/市级
		用人主体数量	个	烟台市各区市/市级

续表

一级指标(驱动机理)	二级指标(传导机理)	三级指标	单位或资料来源	数据范围
需求条件	产业发展	进出口总额占GDP比重	%	烟台市各区市/市级
		全员劳动生产率	万元/人	烟台市各区市/市级
	科技创新	科技支出占GDP比重	%	烟台市各区市/市级
		万人发明专利拥有量	件	烟台市各区市/市级
		规模以上工业研发强度	—	烟台市各区市/市级
		知识产权保护力度	问卷	烟台市各区市/市级
结构要素	产业结构	产业结构服务化指数	—	烟台市各区市/市级
		产业结构高级化指数	—	烟台市各区市/市级
		高新技术产业占规模以上工业产值比重	%	烟台市各区市/市级
		优质科技用人主体比重	%	烟台市各区市/市级
		工业贡献率	%	烟台市各区市/市级
		万元GDP能耗下降强度	%	烟台市各区市/市级
	人才结构	劳动适龄人口占比	%	烟台市各区市/市级
		每万人R&D人员数量	人/万人	烟台市各区市/市级
		高层次人才强度	人/万人	烟台市各区市/市级
辅助条件	人才供给	大中专院校数量	个	烟台市各区市/市级
		教育支出占GDP比重	%	烟台市各区市/市级
		博士后工作站数量	个	烟台市各区市/市级
	用人主体人才管理能力	人力资源管理实践	问卷	烟台市各区市/市级
		组织人才生态	问卷	烟台市各区市/市级
机遇驱动	市场化配置	创业环境	问卷	烟台市各区市/市级
		就业环境	问卷	烟台市各区市/市级
		劳动市场开放度	问卷	烟台市各区市/市级
政府推动	政策协同	人才政策吸引度和激励度	问卷	烟台市各区市/市级
		人才政策满意度	问卷	烟台市各区市/市级

三、研究方法

本研究综合运用多种方法对所获数据进行分析，以期挖掘数据隐含的丰富信息，从而为提高烟台市人才竞争力提供行之有效的政策建议。但需要指出的是，本研究首要任务是计算烟台市13区市人才竞争力指数并进行排序，故本节主要阐述完成这一首要任务的方法——层次分析法与熵权法的基本步骤，涉及的其他研究方法均在相应章节予以简要介绍。人才竞争力指数采用百分制评价，对各单项指标得分进行加权平均，所得的平均值即各地区的人才竞争力指数值。

（一）层次分析法

层次分析法（AHP）是美国运筹学家萨蒂于20世纪70年代初，为美国国防部研究"根据各个工业部门对国家福利的贡献大小而进行电力分配"课题时，应用网络系统理论和多目标综合评价方法，提出的一种层次权重决策分析方法。本研究使用层次分析法作为获取指标权重的方法之一，其原理是将定量分析与定性分析相结合，用专家的经验判断衡量目标能否实现的各标准之间的相对重要程度，并合理地给出每个决策方案的每个标准的权数，利用权数求出各方案的优劣次序，从而有效地解决那些难以用定量方法解决的问题。

1.标度确定和构造判断矩阵

通过各因素之间的两两比较，确定合适的标度。在明确研究对象之后，需要比较研究对象的组成因子及下属指标的各个比重。为实现从定性向定量转化，需要有定量的标度，此过程需要结合专家打分最终得到判断矩阵表格。本研究的判断矩阵采用九分标度法（见表2.2），对10个二级指标及下属三级指标的重要程度分别比较。具体来讲，比如Z因素相对Y因素稍微重要，此时在判断矩阵中Z相对于Y取3分，那么Y相对于Z自动取其倒数1/3即0.3333分。

表2.2　九分标度法

标度	含义
1	两因素相比,同等重要
3	两因素相比,前者比后者稍微重要
5	两因素相比,前者比后者明显重要
7	两因素相比,前者比后者强烈重要
9	两因素相比,前者比后者极端重要
2,4,6,8	上述两相邻判断的中间值
倒数	因素i与j比较得到α_{ij},则因素j与i比较得到$1/\alpha_{ij}$

2.计算各层的相对权重

假设i、j代表不同指标,现共有n个指标,记判断矩阵为$\boldsymbol{A}$,则各指标的权重因子具体计算步骤如下:

(1)计算比较判断矩阵$\boldsymbol{A}$各行中元素的乘积M_i:

$$M_i=\prod_{j=1}^{n}\alpha_{ij}\ (i=1,2,\cdots,n)$$

以此类推形成向量$\boldsymbol{M}=(M_1,M_2,\cdots,M_n)^{\mathrm{T}}$

(2)计算M_i的n次方根$\overline{M_i}=M_i^{\frac{1}{n}}$,以此类推得到

$$\overline{\boldsymbol{M}}=(\overline{M_1},\overline{M_2},\cdots,\overline{M_n})^{\mathrm{T}}$$

(3)归一化处理后,得到各指标的权重因子W_i:

$$W_i=\overline{M}/(\sum_{i=1}^{n}\overline{M_i})$$

以此类推形成的权重因子向量$\boldsymbol{W}=(W_1,W_2,\cdots,W_n)^{\mathrm{T}}$即所求权重。

3.进行一致性检验

对于得到的权重,需要进行一致性检验。若检验通过,则该矩阵计算得出的权重有效,反之则无效,此时需要重新调整取值直至通过,其具体计算步骤如下:

(1)计算判断矩阵$\boldsymbol{A}$的最大特征根$\lambda_{\max}$:

$$\lambda_{\max}=\sum_{i=1}^{n}\frac{(\boldsymbol{A}\boldsymbol{W})_i}{nW_i}$$

(2)计算一致性指标CR：

比较判断矩阵的一般一致性指标CI：

$$\mathrm{CI}=\frac{\lambda_{\max}-1}{n-1}$$

随机一致性指标CR：

$$\mathrm{CR}=\frac{\mathrm{CI}}{\mathrm{RI}}$$

其中RI为固定数值，具体数值查表可得。

如果CR<0.1，则该矩阵通过了一致性检验，说明确定的权重是有效的。

（二）熵权法

1.指标的赋值方法

假设X_{ij}是第$i(1\leqslant i\leqslant 16)$个评价地区第$j$个指标的赋值分数，$V_{ij}$是第$i$个评价地区第$j$个指标的原始值。

(1)正向指标的赋值

$$x_{ij}=\frac{V_{ij}-\min\limits_{1\leqslant i\leqslant 16} V_{ij}}{\max\limits_{1\leqslant i\leqslant 16} V_{ij}-\min\limits_{1\leqslant i\leqslant 16} V_{ij}}\times 50+50$$

(2)负向指标的赋值

$$x_{ij}=\frac{\max\limits_{1\leqslant i\leqslant 16} V_{ij}-V_{ij}}{\max\limits_{1\leqslant i\leqslant 16} V_{ij}-\min\limits_{1\leqslant i\leqslant 16} V_{ij}}\times 50+50$$

2.各指标权重确定

本研究使用熵权法作为获取指标权重的方法之一。熵(entropy)是在1865年由德国的物理学家克劳修斯创立出来的，用于体现一种能量在空间中分布的均匀程度。能量分布得越匀称，那么熵也就越大。信息熵是一个被成功推广的熵概念，由香农在1948年将它引入信息论中，用来表示信息源中信号的不确定性。信息论中的熵用于度量系统的无序程度，它也可以用来度量数据携带的有效信息量，所以熵可以用来确定权重值。如果评价对象在某一个评价指标上的值的差距比较大，熵值就会较小，该评价指标也就携带了比较大的有效信息量,那么这个评价指标的权重值也就较大;相反,如果某一个评价指标的值的差距比较小,熵值就会较大,该评价指标也就携带了比较小的有效信息量,那么这个评价指标的权重值也就较小;如果评价对象在某一个评价指标上的值完全一样,熵值也就最大,即这个评价指标没有携带任何的有效信息量,可以将其从评价指标体系删除。所以在具体的实施和应用中,我们可以根据各个评价指标的值的差异化程度,利用熵计算出每一个评价指标的熵权,然后再用每一个评价指标的熵权对所有的评价指标进行加权,就可以得到比较客观的评价结果。熵权法基本步骤如下:

假设X_{ij}是第i个评价地区第j个指标的赋值分数,现有n个评价地区,m个评价指标,形成待评项目的相应评价指标的数据矩阵$\boldsymbol{R}=(X_{ij})_{n\times m}$:

$$\boldsymbol{R}=\begin{bmatrix} X_{11} & X_{12} & \cdots & X_{1m} \\ X_{21} & X_{22} & \cdots & X_{2m} \\ \vdots & \vdots & & \vdots \\ X_{n1} & X_{n2} & \cdots & X_{nm} \end{bmatrix}$$

(1)计算第j个评价指标下第i个评价地区的指标值的比重p_{ij}:

$$p_{ij}=\frac{X_{ij}}{\sum_{i=1}^{n}X_{ij}}(i=1,2,\cdots,n;j=1,2,\cdots,m)$$

(2)计算第j个指标的熵值e_j:

$$e_j=-k\sum_{i=1}^{n}p_{ij}\ln p_{ij}(i=1,2,\cdots,n;j=1,2,\cdots,m)$$

$$k=\frac{1}{\ln n}$$

(3)计算第j个指标的熵权u_j:

$$u_j=\frac{1-e_j}{\sum_{j=1}^{m}(1-e_j)}(j=1,2,\cdots,m)$$

3.综合竞争力指数的计算

被评价地区i的综合竞争力指数C_i由以下公式给出:

$$C_i=\sum_{j=1}^{m}X_{ij}\times u_j$$

层次分析法是基于指标重要性的逻辑性判断，通过构建比较判断矩阵来获取指标权重，且需进行一致性检验，可信度较高，但其数据本身来自少数专家的主观判断，因此存在一定的局限性；熵权法是根据各项指标数值的变异程度来确定指标权数，这是一种客观赋权法，避免了人为因素带来的偏差，但忽略了指标本身的重要程度。本研究综合应用熵权法与层次分析法，对得出的权重进行修正，进而提高其可靠性。

四、数据来源

（一）二手数据

二手数据具有易获得、成本低、获取速度快等优点，在各类研究中得到广泛应用。本研究中，“人口总量”“就业人口总量”“卫生机构数量”等指标使用二手数据测量，数据主要来源于《烟台市统计年鉴》及统计局、科技局等提供的资料。①

（二）一手数据

本研究中，“创业环境”“就业环境”“劳动市场开放度”“人才政策吸引度和激励度”“人才政策满意度”等指标使用一手数据测量，数据来源于调查问卷和访谈。

1. 问卷方法情况

本次调查中，面向烟台市13区市各行各业人才发放调查问卷，共收回问卷10580份，剔除部分超速作答、重复作答与规律性作答的无效问卷后共获得9570份有效问卷。

2. 调查对象基本情况

从性别方面看，男性3967名，占41.5%；女性5603名，占58.5%。从年龄结构来看，调查对象年龄分布较广泛，30岁及以下的共3788人，占39.6%，其中男性1496名，女性2292名；31—40岁的共3533人，占36.9%，其中男性

① 数据采集时部分区市数值未能获得，缺失值由相应的全市的平均值替代。

1354名,女性2179名;41—50岁的共1616人,占16.9%,其中男性677名,女性939名;51—60岁的共611人,占6.4%,其中男性425名,女性186名;61岁及以上的22人,占比0.2%,其中男性15名,女性7名(见图2.2)。

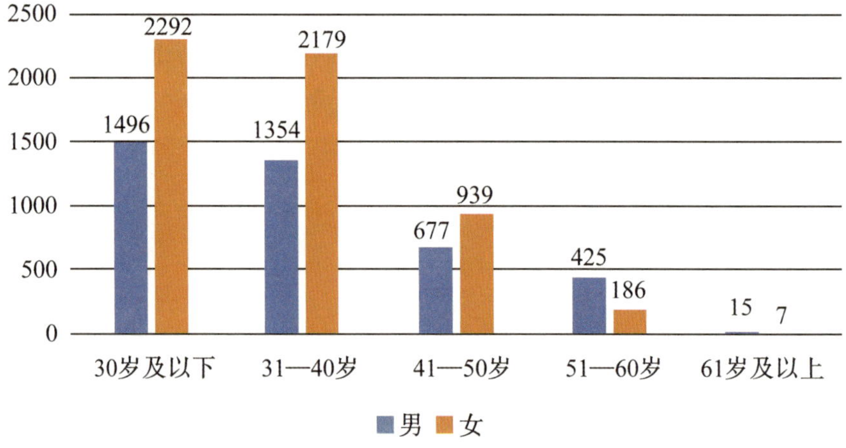

图2.2　调查对象的性别与年龄

从所在单位性质来看,调查对象在民营企业的占17.4%,在国有企业的占10.4%,在中外合资企业的占0.6%,在外商独资企业的占0.5%,在事业单位的占42.3%,在政府机关的占23.5%,其他占5.3%(见图2.3)。

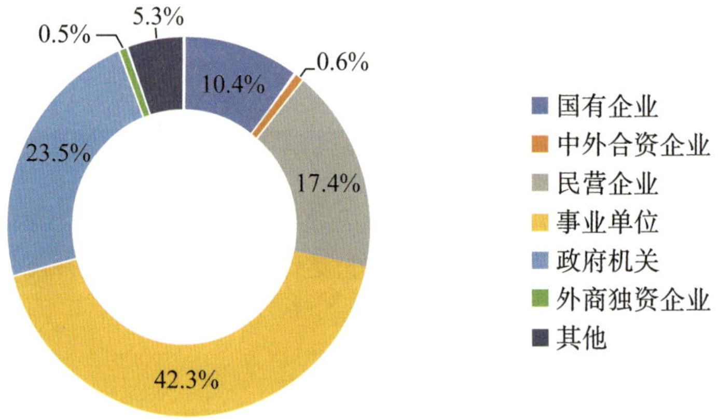

图2.3　调查对象所在单位的性质

从人才分类来看,调查对象中专业技术人才占49.6%,技能人才占5.0%,经营管理人才占8.5%,社会工作人才占14.0%,农村实用人才占

1.9%,党政人才占15.2%,其他人才占5.8%(见图2.4)。

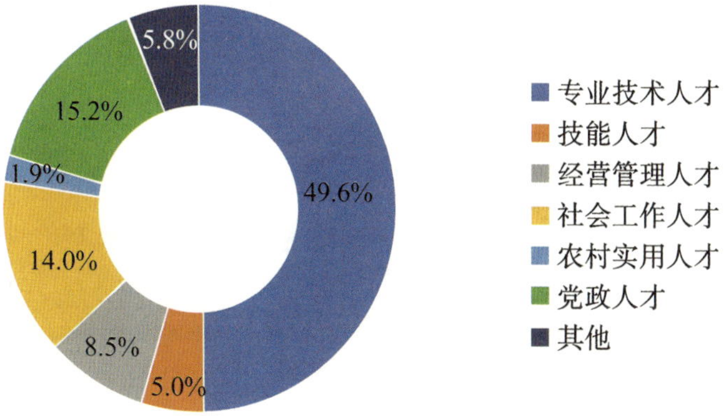

图2.4　调查对象人才分类

从所属行业来看,调查对象从事工作以公共管理、社会保障和社会组织类为主,占28.2%;占比超过10%的还有卫生和社会工作(14.8%)、教育(12.7%)、制造业(11.1%);占比较高的行业还包括农、林、牧、渔业(7.1%),金融业(4.8%),居民服务、修理和其他服务业(4.5%),其他行业均低于3%(见图2.5)。

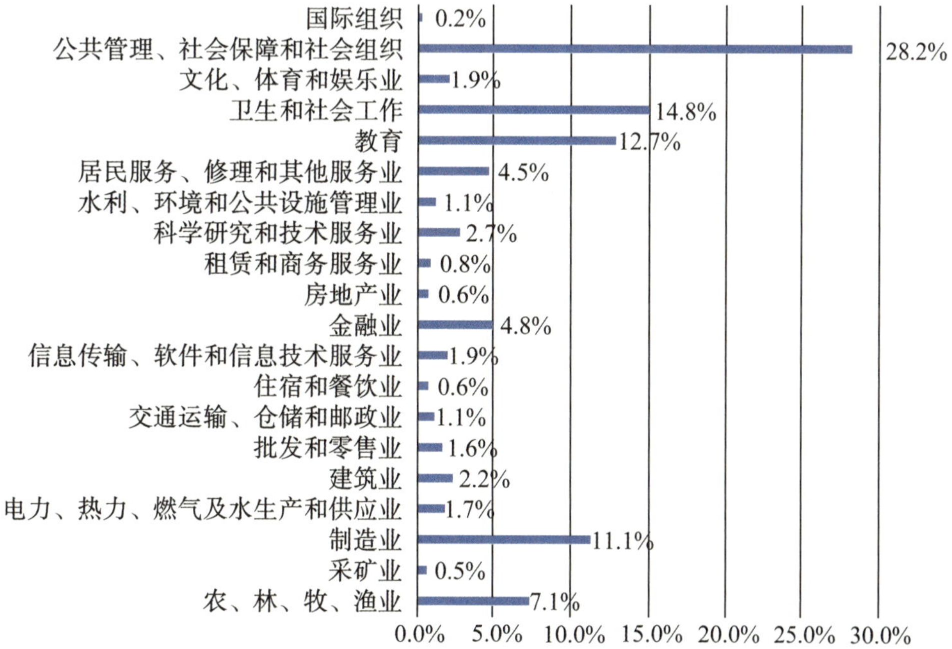

图2.5　调查对象所属行业

从专业领域来看,调查对象的主要专业为工学(19.3%)、管理学(16.1%)、经济学(14.3%),占比超过5%的学科还有医学(8.5%)、教育学(7.7%)、理学(7.5%)、文学(6.0%)、法学(5.7%)和农学(5.6%),历史学不足1%(见图2.6)。

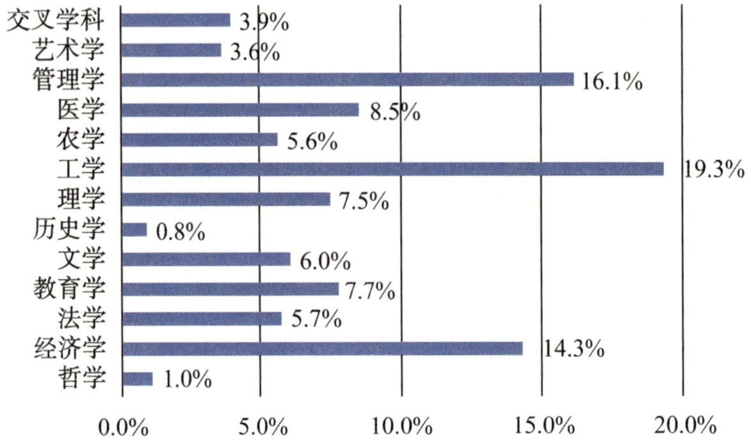

图2.6　调查对象专业领域

第三章　烟台市13区市人才竞争力指数分析

人才竞争力指数得分反映的是目标区域的相对优势,并不代表其绝对发展成绩。指数得分为100的目标区域仅意味着其在群组内排名第1,而不代表自身没有进一步发展和提升的空间;与此相对,指数得分最低的目标区域仅意味着其在群组内排名最后,而非指其自身毫无成绩;指数得分越高,优势越明显。

一、13区市人才竞争力综合指数评价

综合指数评价涵盖资源要素、需求条件、结构要素、辅助条件、机遇驱动、政府推动六大维度的综合测算。烟台市13区市人才竞争力综合指数评价结果如图3.1所示。从图中可知,黄渤海新区(87.00分)、龙口市(84.43分)、芝罘区(84.34分)三个区市综合评分相对较高。

黄渤海新区充分利用国家级开发区、自贸区和省级新区三区叠加的战略发展机遇,积极完善人才政策,改善人才生态环境,在结构要素、需求条件和资源要素等方面排名靠前,全区人才资源总量超过23万人,万华化学技术攻关团队入选国家首批卓越工程师团队,为全省唯一;2名人才分别荣获第二届"齐鲁杰出人才奖"和"齐鲁杰出人才提名奖";1名人才荣获山东省科学技术最高奖,是目前烟台市人才和科技资源最丰富、产才融合效应最明显的区市。

龙口市作为山东省人才引领县域高质量发展试点城市及青年人才首选城市,全域推进"助才成龙"计划,打造"百企千岗高校行"特色引才品牌,投入15亿元建设龙口国际科创人才港,与北京化工大学共建烟台研究院,

联合工信部打造赛迪科创成果转化中心,规划建设华东首个科技成果转化大数据平台,努力打造江北地区科技成果转移转化的“首选地”。

芝罘区发挥中心城区优势,建成全省首家、全国第4家国家级人力资源服务产业园,高标准打造蔚蓝人才社区品牌,创新构建“1+2+N”服务模式,推出“人才金政十五条”,打造“创业资助—平台载体奖补—生活服务保障”全链条人才政策体系,每年引进青年人才1.2万余名,持续释放政策红利,构筑人才集聚高地。

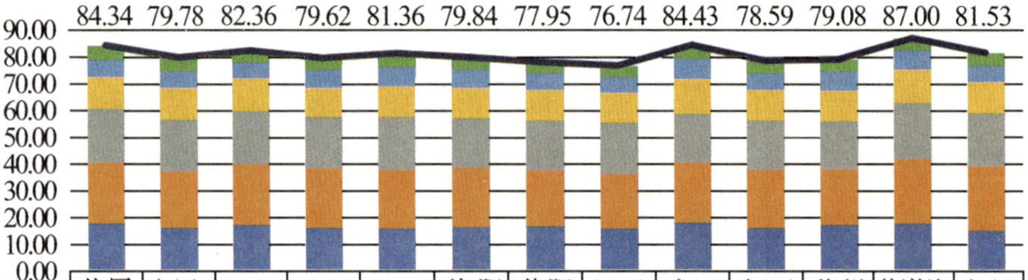

	芝罘区	福山区	莱山区	牟平区	蓬莱区	海阳市	莱阳市	栖霞市	龙口市	招远市	莱州市	黄渤海新区	高新区
政府推动	5.27	5.04	4.36	4.26	5.00	4.52	4.03	4.08	4.92	4.51	4.29	4.32	4.48
机遇驱动	6.42	6.25	5.99	6.86	7.16	6.67	6.32	5.98	7.72	6.41	7.35	7.35	6.31
辅助条件	12.06	11.75	12.04	10.76	11.43	11.56	11.20	11.26	12.91	11.29	11.45	12.45	11.66
结构要素	19.90	19.40	20.01	19.29	19.91	18.45	18.93	19.07	18.36	18.58	17.81	20.91	19.84
需求条件	22.97	21.17	22.84	22.32	22.04	22.20	20.89	20.49	22.51	21.58	20.97	24.17	24.17
资源要素	17.73	16.16	17.12	16.12	15.80	16.44	16.59	15.86	18.01	16.23	17.22	17.80	15.07
总分	84.34	79.78	82.36	79.62	81.36	79.84	77.95	76.74	84.43	78.59	79.08	87.00	81.53

图3.1 烟台市13区市人才竞争力综合指数排名

注:由于数据四舍五入,总分与各维度之和不完全一致。后图同。

总体来看,需求条件和结构要素是影响人才竞争力相对关键的因素,两项指标占比权重较大。丰富的人才资源和开放有效的人才政策也逐渐成为提升烟台市人才竞争力的重要因素。近年来,烟台市加强政企协同,创新人才发展机制,从产业引力、城市引力、平台引力、政策引力等多个方面同时发力,人才集聚效应显著增强。目前,烟台市各区市比较优势发挥充分,人才集聚步伐加快,人才引育效果初显。

二、13区市资源要素指数评价

人才竞争力资源要素通过人才规模和基础设施两大维度进行传导,每个维度由不同数量的指标分别进行测算。

(一)人才规模

人才竞争力人才规模指数评价来源于人口总量、就业人口总量、R&D人员总量、高层次人才数量4个次级指标综合测算。黄渤海新区依托"5+2"产业体系,实施"双百计划"黄渤海新区专项,积极支持哈工程烟台研究院等高校与企业共建创新平台,进一步强化了产业领军人才集聚效应。莱山区聚集了中科院烟台海岸带研究所等重点科研院所、杰瑞集团等骨干企业,为人才提供了丰富的科研载体和产业协同机会;区内高校资源丰富,每年培养大学生3万余名,在青年人才引育方面成效明显。总体来看,烟台人才规模指数分布呈现出一定的"断层"现象,未来,烟台市可推进区县间人才流动与资源共享,缩小区域差距,形成更均衡的人才发展格局。人才竞争力人才规模指数评价具体结果如图3.2所示。

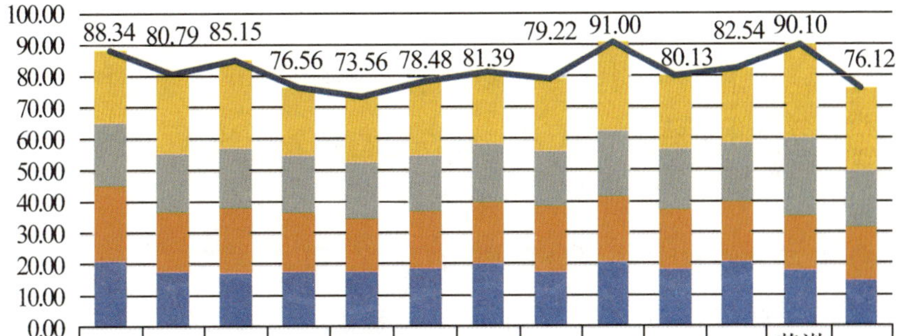

	芝罘区	福山区	莱山区	牟平区	蓬莱区	海阳市	莱阳市	栖霞市	龙口市	招远市	莱州市	黄渤海新区	高新区
高层次人才数量	22.95	25.09	27.82	21.50	20.79	23.46	22.78	23.04	28.29	23.32	23.64	29.70	26.29
R&D人员总量	20.11	18.89	19.27	18.45	18.08	18.00	18.52	17.51	20.97	19.27	18.97	25.02	18.15
就业人口总量	24.06	18.89	20.57	18.72	16.92	18.15	19.64	20.94	20.98	19.03	19.14	17.38	16.84
人口总量	21.21	17.93	17.49	17.89	17.77	18.86	20.45	17.73	20.76	18.52	20.79	17.99	14.85
综合评分	88.34	80.79	85.15	76.56	73.56	78.48	81.39	79.22	91.00	80.13	82.54	90.10	76.12

图3.2 烟台市13区市人才竞争力人才规模指数评价结果

(二)基础设施

人才竞争力基础设施指数评价分别从医疗卫生、文化教育等方面的基础设施进行综合评价,由卫生机构数量,每万人执业医师数量,中小学学校数量,每万人教师数量,幼儿园、中小学教育质量5个测量指标构成。人才竞争力基础设施指数评价具体结果如图3.3所示。

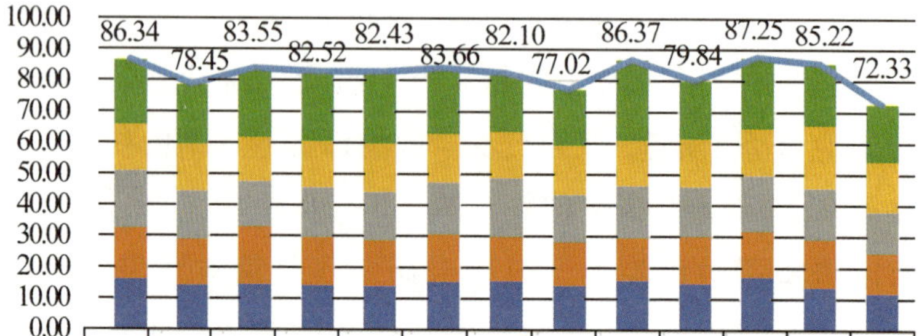

	芝罘区	福山区	莱山区	牟平区	蓬莱区	海阳市	莱阳市	栖霞市	龙口市	招远市	莱州市	黄渤海新区	高新区
幼儿园、中小学教育质量	20.68	18.84	21.88	22.09	22.65	20.68	18.42	17.78	25.41	18.42	22.58	19.41	17.93
每万人教师数量	14.83	15.12	14.10	14.78	15.44	15.55	14.80	15.62	14.45	15.32	14.89	20.14	16.29
中小学学校数量	18.20	15.53	14.56	15.86	15.45	16.83	18.84	15.37	16.66	15.86	17.88	16.50	13.19
每万人执业医师数量	16.22	14.53	18.23	15.25	14.73	14.95	14.16	13.73	13.67	15.09	14.53	15.05	12.76
卫生机构数量	16.41	14.42	14.78	14.55	14.15	15.65	15.87	14.51	16.18	15.15	17.38	14.12	12.16
综合评分	86.34	78.45	83.55	82.52	82.43	83.66	82.10	77.02	86.37	79.84	87.25	85.22	72.33

图3.3　烟台市13区市人才竞争力基础设施指数评价结果

总体来看,烟台13区市基础设施指数较为均衡,最高(莱州市)为87.25分,最低为72.33分。莱州市聚力打造高品质人才社区,建设人才会客厅,培育壮大人才社会化服务联盟,在医疗、教育、养老、交通等领域加大投入,办好人才健康医疗、创新扶持、交友联谊等“关键小事”,以更加有深度、有温度的服务,让人才“落地生根”。莱山区随着烟台山医院、毓璜顶莱山分院、文登整骨医院、烟台市口腔医院等三甲医院优质医疗资源相继落地,建成烟台首个全龄友好型主题公园——凤凰湖公园,显著提升了周边人才居住区的宜居品质。

三、13区市需求条件指数评价

人才竞争力需求条件评价指标通过产业发展和科技创新两大维度进行传导,分别由6个和4个指标进行综合测评。

（一）产业发展

人才竞争力产业发展指数评价由人均地区生产总值、产值利润率、平均劳动者报酬、用人主体数量、进出口总额占GDP比重、全员劳动生产率构成。产业发展主要由产出推动，衡量生产可以从效率和效能测算，因此全员劳动生产率权重相对较高，占19%左右。人才竞争力产业发展指数评价结果如图3.4所示。

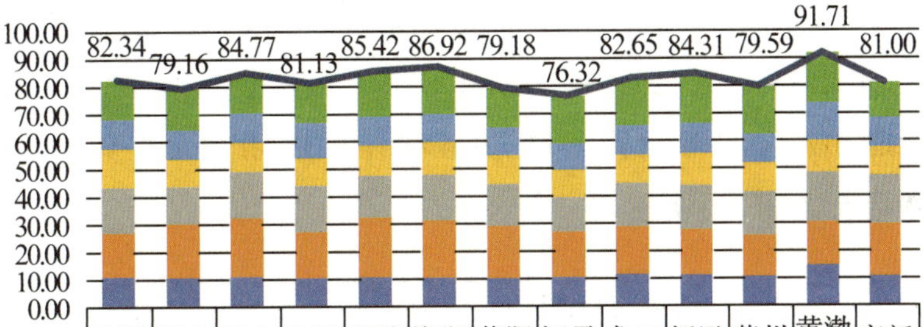

	芝罘区	福山区	莱山区	牟平区	蓬莱区	海阳市	莱阳市	栖霞市	龙口市	招远市	莱州市	黄渤海新区	高新区
全员劳动生产率	14.29	14.90	14.52	14.67	16.38	17.10	14.63	17.47	17.40	18.22	17.55	18.25	12.78
进出口总额占GDP比重	10.54	10.62	10.72	12.70	10.65	10.25	9.92	9.54	10.66	10.85	10.25	13.62	10.73
用人主体数量	14.21	9.94	10.52	10.01	11.10	12.01	10.52	10.09	10.15	11.58	10.49	11.62	10.29
平均劳动者报酬	16.40	13.66	16.66	16.54	15.10	16.31	15.12	12.45	15.68	15.88	15.67	17.78	17.73
产值利润率	15.93	19.43	21.52	16.76	21.52	20.78	18.76	16.48	17.18	16.68	15.06	15.81	18.81
人均地区生产总值	10.97	10.60	10.84	10.45	10.68	10.48	10.23	10.29	11.56	11.11	10.58	14.62	10.66
综合评分	82.34	79.16	84.77	81.13	85.42	86.92	79.18	76.32	82.65	84.31	79.59	91.71	81.00

图3.4 烟台市13区市人才竞争力产业发展指数评价结果

海阳市凭借独特的地理位置、良好的营商环境，不断深化理念创新、模式更新、技术革新，加快推进东方航天港、丁字湾新型能源创新区等重大项目建设，加速集聚高校创新资源和产业领军人才，打造航空航天、核电及清洁能源产业集群。龙口市先后培育了高端铝材料、高端化工新材料等两个千亿级产业链，汽车零部件、海洋经济两个百亿级产业链；正在重点打造现代医药、数字经济、低空经济、新能源电池四个新兴产业链，产业基础雄厚、发展前景广阔。福山区构筑起汽车部件、高端装备制造两大主导产业，成功引进南京航空航天大学“两中心一基地”三大国家级创新平台，一体谋划打造南航国际创新智谷，潍柴弗迪新能源动力产业园一期顺利投产，为人才创新创业提供了广阔舞台。

总体来说，烟台市13区市仍需发挥自身产业效能，进一步推动区市产业协同，促进高端人才流动，同时优化中小企业人才支持政策，全面提升全市人才竞争力。

(二)科技创新

科技创新作为人才发展潜力的重要体现，其指数评价从“投入”和“产出”两方面进行综合分析。人才竞争力投入方面包括科技支出占GDP比重、规模以上工业研发强度和知识产权保护力度，人才竞争力产出方面主要指万人发明专利拥有量，共4项评价指标。人才竞争力科技创新指数评价结果如图3.5所示。

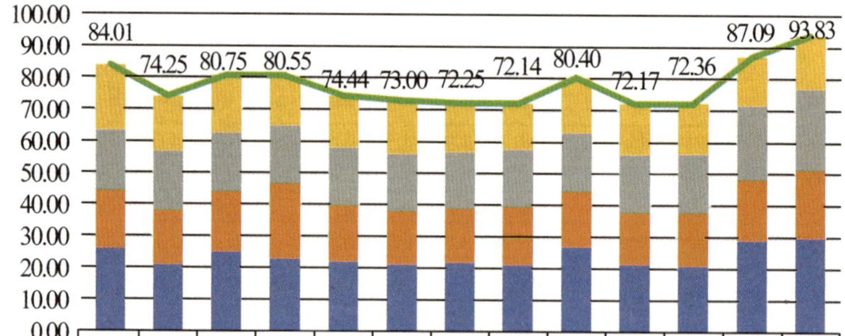

	芝罘区	福山区	莱山区	牟平区	蓬莱区	海阳市	莱阳市	栖霞市	龙口市	招远市	莱州市	黄渤海新区	高新区
知识产权保护力度	20.60	17.37	18.11	15.62	16.17	16.82	15.34	14.42	17.37	15.99	15.90	15.25	16.64
万人发明专利拥有量	19.18	18.69	18.60	18.26	18.48	18.04	17.96	18.01	18.51	18.22	18.49	23.52	25.66
规模以上工业研发强度	17.95	17.11	19.02	23.63	17.75	16.80	16.96	18.44	17.40	16.54	16.86	19.15	21.42
科技支出占GDP比重	26.28	21.08	25.02	23.04	22.03	21.34	21.98	21.27	27.12	21.43	21.11	29.16	30.11
综合评分	84.01	74.25	80.75	80.55	74.44	73.00	72.25	72.14	80.40	72.17	72.36	87.09	93.83

图3.5　烟台市13区市人才竞争力科技创新指数评价结果

高新区作为高新技术基地，科研人员等创新资源聚集，规模以上工业研发强度(21.42分)得分较高，同时以其开放性和创新性活力推动科技进步，在万人发明专利拥有量(25.66分)的得分上远超其他区市。莱山区现有规上工业企业127家，省级以上专精特新企业96家，全区高新技术产业产值占比突破80%，2024年规上企业利润率14.6%，居全市第一；高端装备、核电装备、节能环保、宠物用品、电子信息和人工智能产业等五大主导产业蓬勃发展，吸引了众多海内外人才到莱山创新创业。牟平区立足生物医药产业发展实际，发挥蓝色药谷•生命岛、烟台新药创制山东省实验室等平台作用，统筹做好产业人才梯队培养建设，组织实施“汇智圆梦•聚才兴牟”等人才培养计划，加大急需紧缺人才培养引进力度，实现人才引育与产业发展同向发力。总体来看，烟台绝大多数区市科技创新指数集中在70—80分，说明烟台人才科技创新创造力与人才效能并未得到完全释放，各区市还需要立足科技激励的系统性、针对性、有效性，优化科技投入结构、强化知识产权保护、促进跨区域创新合作，进一步完善各类科技创新改革举措，提升人才科技创新竞争力。

四、13区市结构要素指数评价

人才竞争力结构要素评价指标通过产业结构和人才结构两大维度进行传导，每个维度由数个指标进行测算。

（一）产业结构

人才竞争力产业结构指数包括产业结构服务化指数、产业结构高级化指数、高新技术产业占规模以上工业产值比重、优质科技用人主体比重、工业贡献率和万元GDP能耗下降强度6个方面的指标。产业结构服务化指数通过反映三产比重衡量城市产业结构状况。产业结构高级化指数通过描述产业结构重心由第一产业向第二产业和第三产业逐次转移的过程反映经济发展水平的高低和发展阶段、方向。万元GDP能耗下降强度通过测算能源消费水平和节能降耗程度，反映现有经济结构下的经济活动对能源的利用程度和效率。人才竞争力产业结构指数评价结果如图3.6所示。

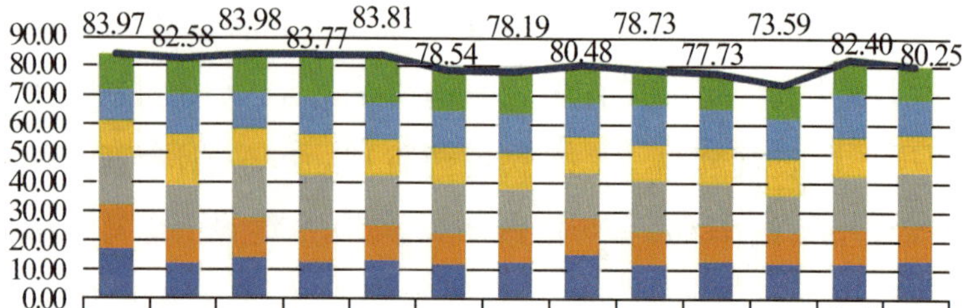

	芝罘区	福山区	莱山区	牟平区	蓬莱区	海阳市	莱阳市	栖霞市	龙口市	招远市	莱州市	黄渤海新区	高新区
万元GDP能耗下降强度	12.34	12.39	13.20	14.72	16.55	14.01	14.51	13.07	11.92	12.55	11.61	11.58	11.69
工业贡献率	10.74	14.02	12.59	12.85	12.57	12.67	13.58	11.70	13.79	13.24	13.65	15.35	12.07
优质科技用人主体比重	12.21	17.45	12.45	13.89	12.27	12.23	12.47	12.30	12.32	12.26	12.36	13.01	12.73
高新技术产业占规模以上工业产值比重	16.63	15.10	18.04	18.61	17.13	17.15	13.28	15.45	17.54	14.27	13.03	18.39	17.98
产业结构高级化指数	15.00	11.43	13.63	11.20	12.11	10.50	11.65	12.58	11.23	12.38	10.92	12.01	12.52
产业结构服务化指数	17.05	12.18	14.06	12.49	13.17	11.98	12.70	15.38	11.93	13.03	12.01	12.07	13.26
综合评分	83.97	82.58	83.98	83.77	83.81	78.54	78.19	80.48	78.73	77.73	73.59	82.40	80.25

图3.6 烟台市13区市人才竞争力产业结构指数评价结果

蓬莱区依托万华新材料低碳产业园、海工装备产业园、中国海上风电国际母港等重大载体项目，打造绿色新材料、海工装备特色产业人才集聚区，配套实施“一产一院一智库”产才融合支撑计划，推出“1+20”人才政策体系，有效激励了科技领军人才创新创业。招远市坚持产才融合发展，着力构建现代化产业体系，中广核招远核电一期2台机组顺利通过国务院核准，黄金、轮胎等优势产业全国领先。莱阳市深化校地企三方合作，与江南大学、中国农业大学、浙江大学等30余所高校建立紧密的技术人才合作，在北京、上海、西安等地建立26个招才引智工作站，集聚产业人才6000余人。

总体来说，烟台基本实现了产业协同发展，增强了城市韧性，三次产业发展趋于均衡，经济发展的全面性、协调性和可持续性不断增强。

(二)人才结构

人才竞争力人才结构指数评价涵盖3个方面的内容：劳动适龄人口占比、每万人R&D人员数量和高层次人才强度。劳动适龄人口占比由劳动适龄人口数量/人口总数计算，反映劳动力资源状况；高层次人才强度由高层次人才数量/劳动适龄人口总数计算，反映高层次人才队伍组成状况。

人才竞争力人才结构指数评价结果如图3.7所示。

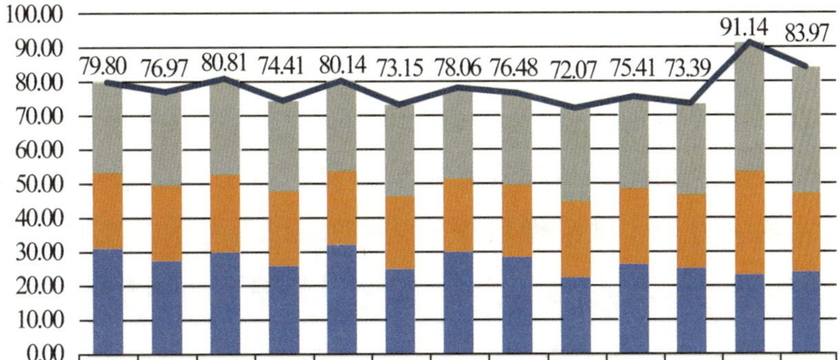

	芝罘区	福山区	莱山区	牟平区	蓬莱区	海阳市	莱阳市	栖霞市	龙口市	招远市	莱州市	黄渤海新区	高新区
高层次人才强度	26.54	27.23	28.00	26.52	26.39	26.77	26.56	26.86	27.14	26.79	26.63	37.70	36.70
每万人R&D人员数量	21.87	22.04	22.57	21.71	21.45	21.21	21.30	21.00	22.32	22.09	21.46	30.00	23.14
劳动适龄人口占比	31.40	27.69	30.24	26.17	32.31	25.16	30.20	28.62	22.61	26.52	25.30	23.45	24.12
综合评分	79.80	76.97	80.81	74.41	80.14	73.15	78.06	76.48	72.07	75.41	73.39	91.14	83.97

图3.7　烟台市13区市人才竞争力人才结构指数评价结果

黄渤海新区和高新区作为人才结构优势地区，其高层次人才强度优势突出，通过高能级创新平台的建设，培育壮大高新技术企业，对于R&D人员也展现出了强大吸引力，在人才结构方面脱颖而出；凭借国家微纳制造创新中心和黄渤海实验室等高能级科研平台，在高层次人才比例上位居全市前列。高新区建成蓝色智谷、烟台光电显示材料研发测试公共服务平台，实施“聚才高新”计划，吸引青年科技人才集聚。

总体来说，烟台市各区市人才结构存在一定程度的分布不均问题，仍需加强R&D投入和高层次人才引进。通过政策协同、平台共建和产业精准引才，烟台有望进一步优化人才结构，增强区域竞争力，从而把外在人口规模优势成功转化为内在人才结构优势。

五、13区市辅助条件指数评价

人才竞争力辅助条件评价指标通过人才供给和用人主体人才管理能力两大维度进行传导，两个维度分别由3个和2个指标进行测算。

(一)人才供给

人才供给是保证人才竞争力持续释放活力的重要源泉,是维持人才竞争力的重要辅助条件。人才竞争力人才供给指数评价指标主要由大中专院校数量、教育支出占GDP比重和博士后工作站数量3个指标综合测算。人才竞争力人才供给指数评价结果如图3.8所示。龙口市(88.46分)、高新区(87.59分)、芝罘区(85.44分)在人才供给方面具有相对优势。

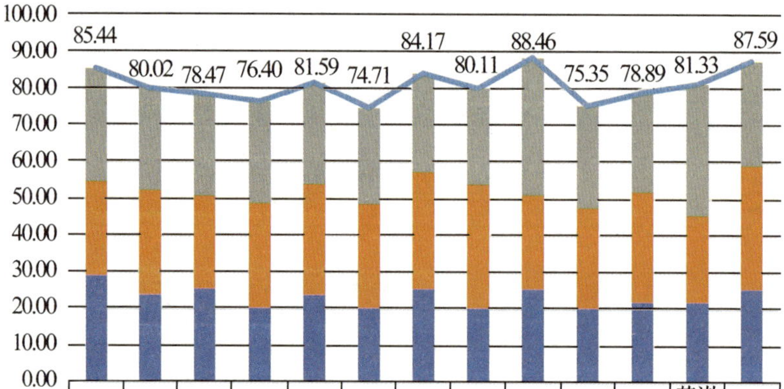

	芝罘区	福山区	莱山区	牟平区	蓬莱区	海阳市	莱阳市	栖霞市	龙口市	招远市	莱州市	黄渤海新区	高新区
博士后工作站数量	30.92	27.72	27.72	27.72	27.72	26.12	26.92	26.12	37.31	27.72	26.92	35.71	28.52
教育支出占GDP比重	25.54	28.54	25.25	28.39	30.11	28.30	31.74	33.70	25.64	27.34	29.94	23.59	33.56
大中专院校数量	28.99	23.77	25.54	20.29	23.77	20.29	25.51	20.29	25.51	20.29	22.03	22.03	25.51
综合评分	85.44	80.02	78.47	76.40	81.59	74.71	84.17	80.11	88.46	75.35	78.89	81.33	87.59

图3.8 烟台市13区市人才竞争力人才供给指数评价结果

其他区市虽然得分不如上述三个区市,但也有各自突出的特点。比如,莱阳市大力推进校企合作,依托驻莱院校增设农产品贮藏与加工等4个专业,同时与12所院校签署校企合作协议,共建4个产学研联盟、22个实习实训基地,与中国石油大学等3所高校建立校企合作继续教育基地,开展“厂中校”“校中企”订单式培养,每年培育产业人才300余人。栖霞市“教育支出占GDP比重”这一指标在13区市中列第一位。栖霞市注重教育经费保障,严格落实教育支出“两个只增不减”规定,义务教育阶段学校生均公用经费拨付率达到100%。注重教师队伍建设,2024年入选1名国家特支计划教学名师，为近两年烟台市唯一入选人选。

（二）用人主体人才管理能力

用人主体人才管理能力高低决定了组织能否创造一个适合吸引人才、培养人才、留住人才的良好环境和体系，以确保组织拥有足够的高素质人才以满足现在和未来的战略需求。用人主体人才管理能力指数评价指标主要由人力资源管理实践和组织人才生态两个指标综合测算。用人主体人才管理能力指数评价结果如图3.9所示。

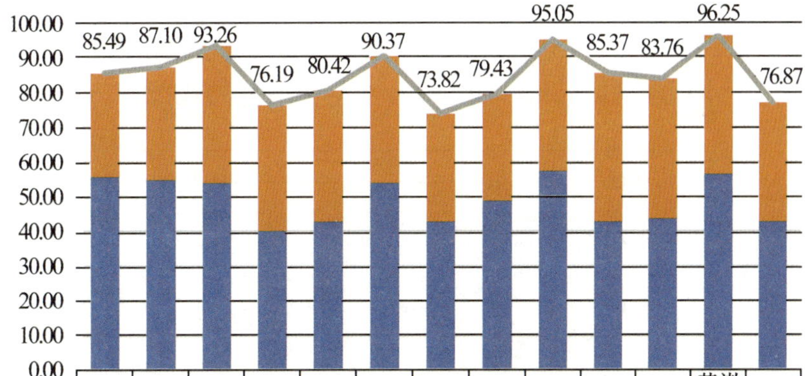

	芝罘区	福山区	莱山区	牟平区	蓬莱区	海阳市	莱阳市	栖霞市	龙口市	招远市	莱州市	黄渤海新区	高新区
组织人才生态	29.84	32.32	39.33	36.03	37.68	36.44	31.08	30.67	37.68	42.63	40.16	39.75	34.13
人力资源管理实践	55.65	54.78	53.92	40.16	42.74	53.92	42.74	48.76	57.37	42.74	43.60	56.51	42.74
综合评分	85.49	87.10	93.26	76.19	80.42	90.37	73.82	79.43	95.05	85.37	83.76	96.25	76.87

图3.9　烟台市13区市人才竞争力用人主体人才管理能力指数评价结果

龙口市近年来不断在改革创新、政策扶持、服务企业等方面持续发力，组建国有企业——龙腾人才集团，推行“国企引、民企用、政府奖”引才新模式，帮助民营企业引进急需紧缺人才；创新实施“政企联合引育用”计划，将重点企业高层次人才需求与事业单位人才管理有机融合，推动人才共引共用共享。招远市制定出台《关于进一步加快人才集聚，助力打造现代金都的十六条措施（试行）》，让人才政策更实用、更管用；拓宽“金都人才服务商联盟”服务，升级打造华盈里、金街商圈2处“青年人才社区”，为青年人才提供集政策宣传、职场提升、婚恋交友、文化娱乐等功能于一体的交流成长平台。

总的来看,烟台市在发挥用人主体人才管理能力上还需要进一步创新体制机制,深化放权赋能改革,以最大限度地激发用人主体的主观能动性。

六、13区市机遇驱动指数评价

市场机制往往能够敏锐捕捉需求变化与潜在机会,因此机遇驱动通常由市场化配置体现。人力资源的市场化配置是区域人才竞争力的重要组成部分,市场化配置也是吸引人才的重要驱动指标。人才竞争力市场化配置指数评价由创业环境、就业环境和劳动市场开放度三个指标共同衡量。人才竞争力市场化配置指数评价结果如图3.10所示。龙口市(95.68分)、莱州市(91.11分)、蓬莱区(88.77分)在人才竞争力市场化配置方面具有相对优势。

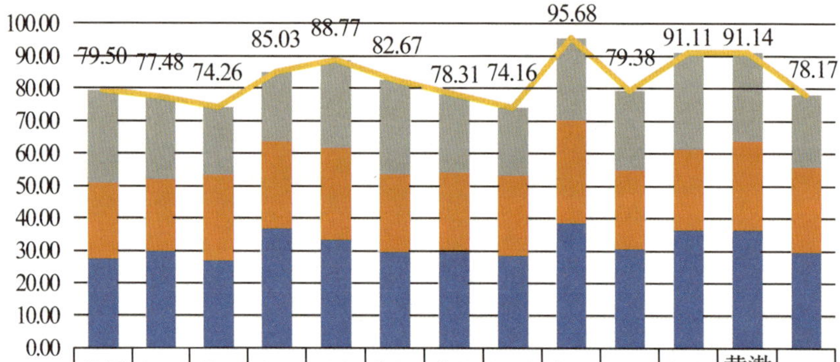

	芝罘区	福山区	莱山区	牟平区	蓬莱区	海阳市	莱阳市	栖霞市	龙口市	招远市	莱州市	黄渤海新区	高新区
劳动市场开放度	28.35	25.31	20.74	21.24	26.83	28.86	24.04	20.74	25.31	24.29	29.62	27.08	22.01
就业环境	23.50	22.15	26.41	26.80	28.54	23.89	24.08	24.67	31.64	24.28	24.86	27.38	26.41
创业环境	27.64	30.02	27.12	36.99	33.40	29.82	30.19	28.75	38.74	30.81	36.62	36.68	29.76
综合评分	79.50	77.48	74.26	85.03	88.77	82.67	78.31	74.16	95.68	79.38	91.11	91.14	78.17

图3.10　烟台市13区市人才竞争力市场化配置指数评价结果

莱州市创新"智慧就业+创业联动+人才服务"3D模式,搭建市、镇、村三级服务平台,在全市各村居、社区设立1000多个"就业服务角",推进3000多个二维码"码上就业",实现个人求职、企业招工一键登录、线上办理,打造7×24小时群众"家门口"的"就创之家"。蓬莱区发布人才新政21条,对重点产业急需人才量身定制支持政策,上线"蓬莱就业""仙境惠才"服务小程序,实现就业服务一"键"达成、人才服务一"码"通享,人才成长和城市发展相得益彰。牟平区成立半岛人才科创集团，创办“昆嵛讲坛”活动品牌，邀请海内外名师定期做客开讲，组建人才服务联盟，筹集76家人才服务优质商户，在42个公共场所开展服务标准化建设，为人才提供“吃住游购娱”专属服务。

总的来说，烟台市市场化配置总体发挥水平各区域之间存在一定差异，还需进一步加强对政策的解读、沟通、反馈、平衡、执行工作，鼓励跨行业就业探索，提升劳动市场灵活性，进一步提升市场化配置对人才竞争力的驱动作用。

七、13区市政府推动指数评价

人才作为“准公共产品”，其投入主体与效能是否有效发挥，主要看政府，政府对于人才竞争力的推动程度通过政策的协同程度展现。人才竞争力政策协同指数评价维度包括人才政策吸引度和激励度以及人才政策满意度两方面。人才政策吸引度和激励度、人才政策满意度分别从政策前端与后端进行质性评价。人才竞争力政策协同指数评价结果如图3.11所示。

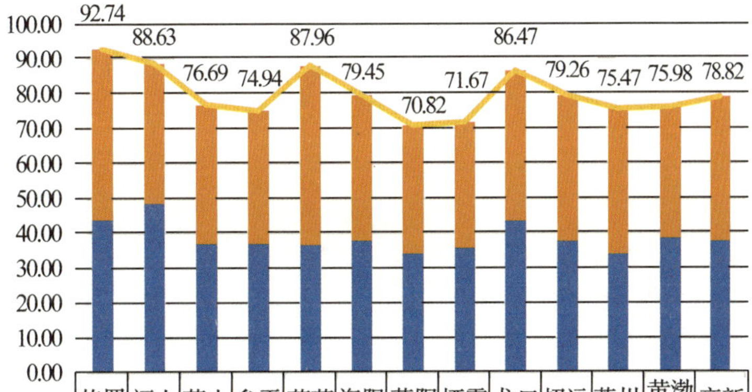

	芝罘区	福山区	莱山区	牟平区	蓬莱区	海阳市	莱阳市	栖霞市	龙口市	招远市	莱州市	黄渤海新区	高新区
人才政策满意度	48.82	40.06	39.64	37.89	51.43	41.65	36.65	36.00	42.92	41.67	41.47	37.43	41.21
人才政策吸引度和激励度	43.91	48.57	37.05	37.05	36.53	37.80	34.17	35.67	43.55	37.58	34.00	38.55	37.60
综合评分	92.74	88.63	76.69	74.94	87.96	79.45	70.82	71.67	86.47	79.26	75.47	75.98	78.82

图3.11　烟台13区市人才竞争力政策协同指数评价结果

福山区出台“聚福英才计划”升级版，实施人才绩效评估，采取“主管部门+第三方机构”联审制度,依据实绩效能兑现奖补政策,充分激发人才创新创业活力。栖霞市大力实施“智汇果都”人才集聚计划,全力推进栖霞苹果产业研究院建设及实体化运行,近3年引进各类人才3000余名,连续实现省级、国家级领军人才零突破。

总的来看,烟台市13区市的政策协同指数存在一定差异,未来可通过优化政策反馈、强化政策解读等方式,系统性优化政策,提升人才政策吸引度与满意度,进一步提升人才竞争力,打造更具活力的区域人才高地。

第四章　烟台市三类地区人才竞争力比较分析

2022年烟台市政府颁布了《烟台市新型城镇化规划(2021—2035年)》，提出了加快推进以人为核心的新型城镇化的需要，要求根据市域内不同地区的条件，优化经济发展空间格局，提升城市发展竞争力，推动城乡融合发展，促进共同富裕，满足人民日益增长的美好生活需要，为推动烟台高质量发展提供重要支撑。具体而言，烟台各市区(芝罘区、福山区、莱山区、牟平区、蓬莱区)综合经济实力强，产业发展程度更高，人才资源相对充足；县级市(海阳市、莱阳市、栖霞市、龙口市、招远市、莱州市)城镇化水平较高，经济发展潜力较大，政策体系相对完善，政府统筹、条块协作能力较强；功能区(黄渤海新区、高新区)经济发展迅速，人才资源储备丰富，科技创新潜力巨大。总体来看，烟台市的三类地区各有优势，各区域人才发展能力不存在非常明显的差距，可以进行比较分析。

一、烟台市三类地区人才竞争力综合比较分析

为了直观比较各区域之间人才竞争力优势，本研究引入显示性比较优势权重指数(Weighted Revealed Comparative Advantage，WRCA)进行分析。其计算公式如下：

$$\mathrm{RCA}_i^k=(X_i^k/X_i)/(X_w^k/X_w)$$

$$\mathrm{WRCA}_i^k=\frac{\mathrm{RCA}_i^k\times N_s}{\sum_{k=1}^{N_s}\mathrm{RCA}_i^k}$$

其中，X_i^k表示i区域在k指标上的得分，X_i表示i区域人才竞争力总得

分，X_w^k表示全市在k指标上的总分，X_w表示全市人才竞争力总得分，N_s代表人才竞争力评价指标数量。

WRCA指数可以判断某一指标是否具有比较优势，即当WRCA>1时，表明该指标在全市中具有较高的比较优势；同时，WRCA指数为对目标区域不同指标之间的比较优势进行横向对比提供了参考依据。

从分析结果来看(见图4.1)，三类地区的人才竞争力存在差异，分别在不同方面具有各自的优势。从人才结构、科技创新、产业发展三个方面来看，功能区相对于其他地区具有一定的比较优势。从政策协同、市场化配置、用人主体人才管理能力、基础设施四个方面来看，县级市在全市中具有比较明显的优势。从产业结构和人才规模来看，功能区在人才规模方面的比较优势指数相当于全市平均水平。从人才供给来看，三类地区大致水平相当，县级市和区具有明显的比较优势。功能区的基础设施优势指数约为全市平均水平的97%。

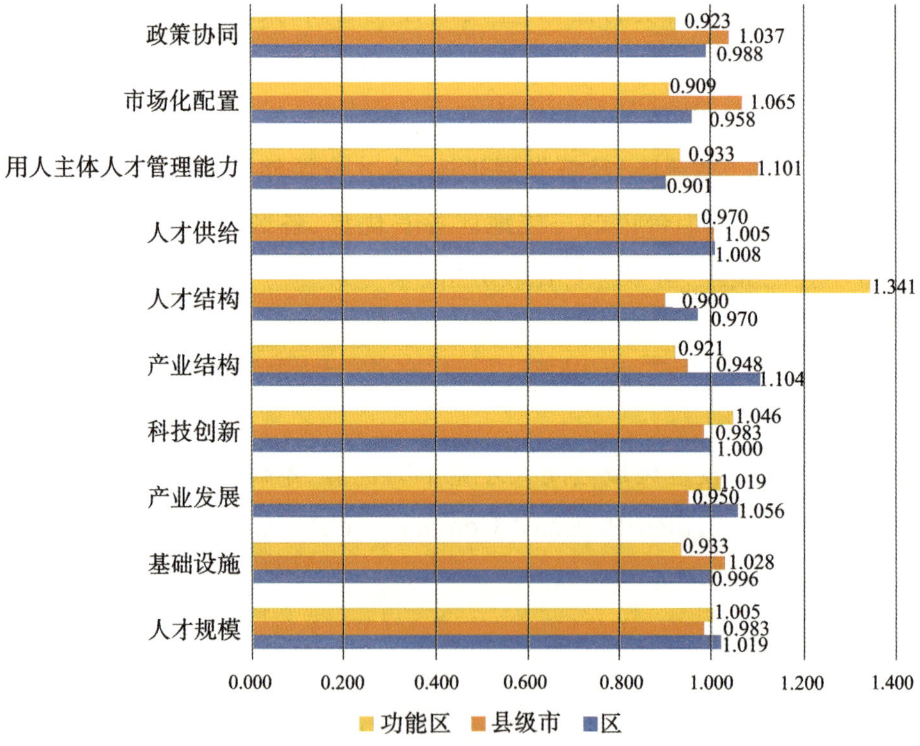

图4.1 烟台市三类地区人才竞争力综合比较

二、烟台市三类地区人才竞争力与留人能力的协同性评价

本研究采用相关系数法对三类地区人才政策与留人能力的协同性进行评价，即将人才竞争力指标作为自变量，留人能力作为因变量，计算自变量与因变量之间的相关系数；然后，将相关系数与各指标权重进行加权平均处理，以所得值作为协同性指数。该指数取值范围从－1到1，0表示完全不协同，数值越大表示协同程度越高，指数为负则表示反向协同。

对于留人能力的测量，在问卷调查中，我们采用李克特五点量表(1=非常不同意，5=非常同意)，要求被试对“未来一年，您将离开本地区，到烟台市其他城市的单位工作”这一陈述的同意程度进行评价；然后按照当前工作城市进行聚合分析，作为城市人才流失指标，而城市留人能力则以城市人才流失的反面进行表征。烟台市三类地区人才竞争力与留人能力协同性分析结果如图4.2所示。

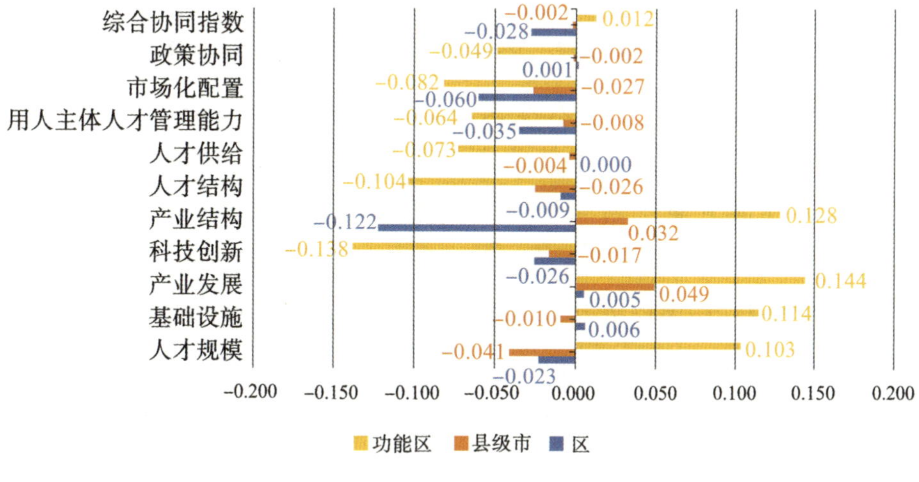

图4.2　烟台市三类地区人才竞争力与留人能力协同性分析

分析结果显示，功能区的综合协同指数为正数且高于其他两类地区，说明相比其他区域，功能区的人才竞争力较好地转化成区域留人能力，能有效留住人才。县级市在产业发展(0.049)方面有不错表现，但市场化配

置、基础设施和人才规模等方面的协同性均为负值,表现不够突出。综合协同指数为负的问题同样出现在区身上,区在产业发展和基础设施方面表现出了良好的留人能力,但在其他方面的表现并不优秀,综合协同指数表现为负值。

三、烟台市三类地区人才一体化综合评价

为了分析三类地区人才一体化发展水平,本研究采用离散指数分析法,将各指标的组内数据离差均值与组内数据算术平均值相比得到离散指数。离散指数越高,说明区域在该指标上的一体化水平越差。

分析结果显示(见图4.3),各地区的人才一体化发展水平普遍较高,区的人才一体化发展水平更是总体优于烟台市的平均水平。总体来看,各地区围绕烟台市平均水平波动幅度不大,烟台市三类地区之间差距较小,在推进人才一体化方面具有较好成效。但值得注意的是,与区相比,其他两类地区的人才一体化发展水平相对处于弱势,仍需要进一步发展合作关系。

从六大维度的离散程度看,资源要素、政府推动和机遇驱动的离散程度较高,说明三类地区在为人才发展提供支持方面还存在一定的差别。辅助条件、结构要素、需求条件的离散程度相对较低,说明三类地区在优化人才发展环境方面所做的努力和效果基本达到一致,人才一体化成效显著。

从各分区看,功能区在资源要素、机遇驱动、辅助条件等维度的离散程度较高,一体化水平整体相对欠佳。县级市在政府推动、机遇驱动和辅助条件方面离散程度较高,其余维度均较低。区则是主要在机遇驱动方面的离散程度较高,在其他维度离散程度均较低,一体化发展效果显著。

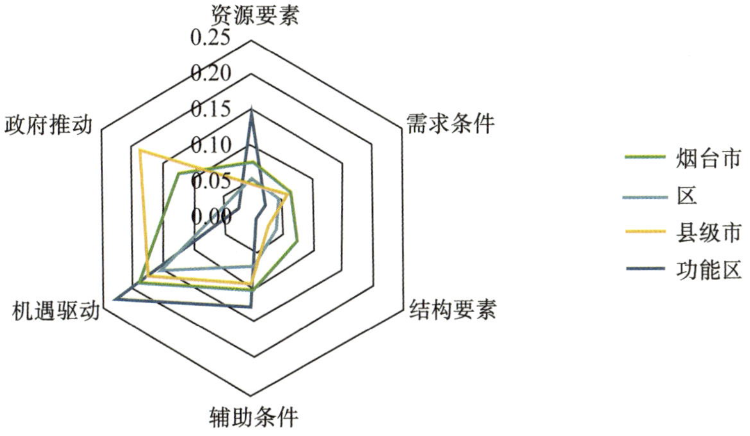

图 4.3　烟台市三类地区人才一体化(离散指数)分析

四、烟台市与全省人才一体化综合评价对比

分析结果显示(见图 4.4),烟台市的人才一体化发展整体优于胶东经济圈平均水平和全省平均水平。由此看来,烟台的人才一体化发展效果优异,各个区市的人才一体化程度较高,在推进人才一体化方面取得显著成效。

从六大维度的离散程度看,烟台市资源要素、需求条件、结构要素和辅助条件的离散程度均低于胶东经济圈平均水平及全省平均水平,显示了烟台市在人才一体化发展上取得的成效。相对来说,政府推动和机遇驱动的离散程度略高,可以在未来的发展过程中更加注重机会的平均分配和政策的同步推进。

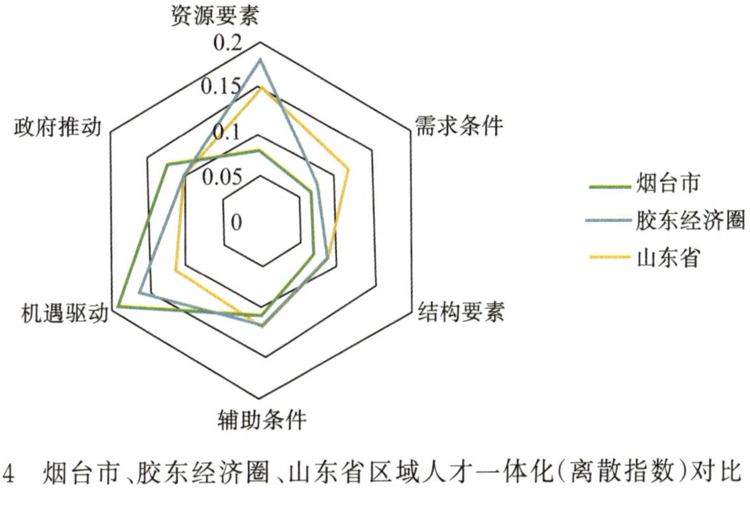

图 4.4　烟台市、胶东经济圈、山东省区域人才一体化(离散指数)对比

第五章　烟台市人才满意度分析

《国家中长期人才发展规划纲要(2010—2020年)》中将人才划分为党政人才、企业经营管理人才、专业技术人才、高技能人才、农村实用人才、社会工作人才六个类型。本章依据这一人才分类方式,对通过问卷调查收集的数据进行分析,主要从中小学及幼儿园教育、知识产权保护、创业就业环境、人才政策、人力资源管理实践和组织人才生态环境等六个方面探讨人才满意度情况,为提升烟台人才竞争力、推动烟台经济发展进步提供进一步的理论支持。

党政人才:按照加强党的执政能力建设和先进性建设的要求,以提高领导水平和执政能力为核心,以中高级领导干部为重点,培养造就一批善于治国理政的领导人才。

企业经营管理人才:能适应产业结构优化升级和实施“走出去”战略的需要,以提高现代经营管理水平和企业国际竞争力为核心,以战略企业家和职业经理人为重点的人才。

专业技术人才:能适应社会主义现代化建设的需要,以提高专业水平和创新能力为核心,以高层次人才和紧缺人才为重点的人才。

高技能人才:能适应走新型工业化道路和产业结构优化升级的要求,以提升职业素质和职业技能为核心,以技师和高级技师为重点的人才。

农村实用人才:围绕社会主义新农村建设,以提高科技素质、职业技能和经营能力为核心,以农村实用人才、带头人和农村生产经营型人才为重点,着力打造服务农村经济社会发展、数量充足的人才。

社会工作人才:能适应构建社会主义和谐社会的需要,以人才培养和岗位开发为基础，以中高级社会工作人才为重点，培养造就职业化、专业化的人才。

一、中小学及幼儿园教育满意度

教育情况满意度主要是被调查人才对当前工作和生活城市的幼儿园、小学、初中及高中教育情况的满意度，结果如图5.1所示。可以看出各类人才对生活和工作所在地的中小学及幼儿园教育满意度普遍保持在4分以上（总分5分），处于一个较高的水平。其中，高技能人才的满意度相对较低，反映出这类人才对基础教育有着相对较高的要求；而党政人才对教育情况的满意度明显高于其他类型的人才。

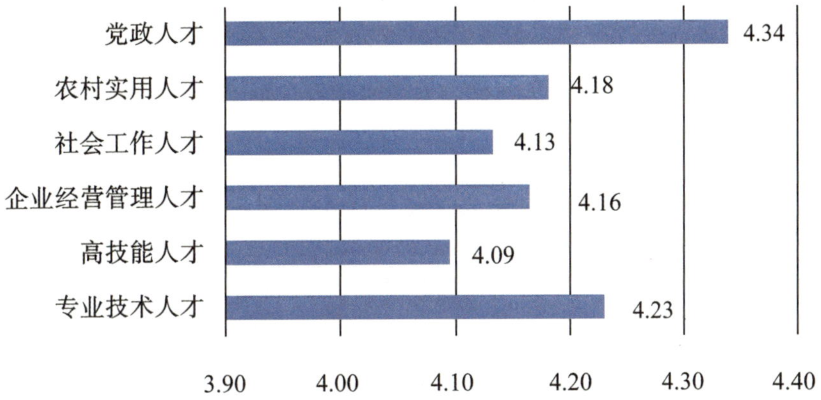

图5.1 不同类型人才对教育满意度的评价

进一步地，从不同类型人才和区市的交叉分析可以看出（见图5.2），农村实用人才对教育满意度的评价波动较大，高技能人才对教育的满意度相对较低，但不同区市的评分相近，因此可能需要更多高级别单位提供更加广泛的教育资源，优化这类人才子女的教育。

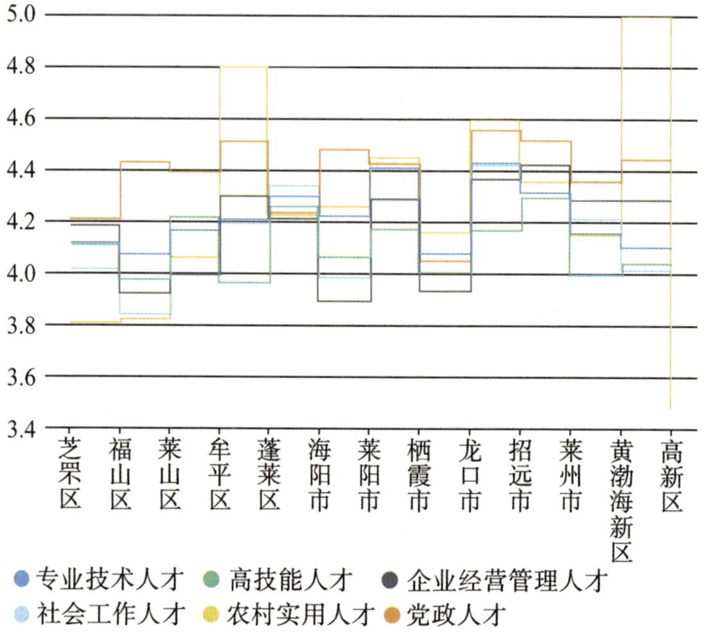

图 5.2　人才类型与区市对教育满意度的交叉分析

二、知识产权保护满意度

知识产权保护满意度主要衡量被调查人才所工作和生活的城市在发生侵犯知识产权案件后的司法救济以及日常对知识产权保护的宣传等。从图 5.3 可知,各类人才对知识产权保护的满意度都不算太高,普遍在 4 分左右(满分 5 分)。需要指出的是,六类人才中,高技能人才对知识产权保护的评价相对较低,此类人才对知识产权保护可能有较高的需求。

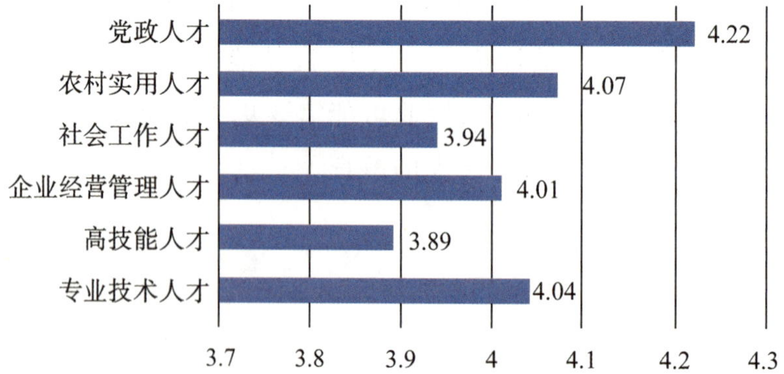

图 5.3　不同类型人才对知识产权保护满意度的评价

人才类型和地区的交叉分析结果显示(见图5.4),高技能人才和农村实用人才对知识产权保护的评价波动较大。未来可对这部分人才开展知识产权宣传系列活动,进一步完善相关制度政策和公共服务体系,重点培育高价值知识产权,从而充分激发经营主体的创新动力、活力,促进区域经济的可持续发展。

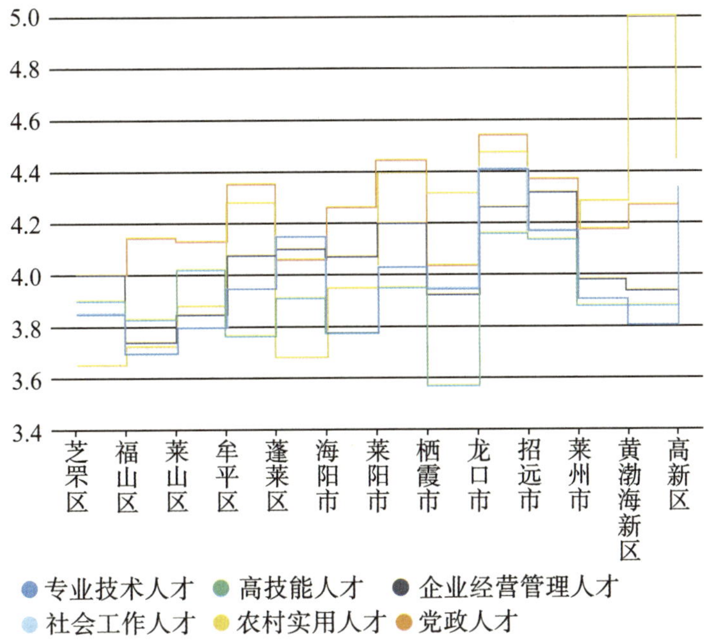

图5.4 人才类型与区市对知识产权保护满意度的交叉分析

三、创业就业环境满意度

创业就业环境满意度主要评估被调查人才所工作和生活的城市在创业扶持政策、创业教育、创业基础设施、就业信息获取等方面的情况,不同类型人才对此的评价如图5.5所示。从中可知,不同类型人才对创业就业环境满意度存在一定差异,总体来说,党政人才、专业技术人才和农村实用人才对创业就业环境满意度较高,高技能人才和社会工作人才对此的评价相对较低。

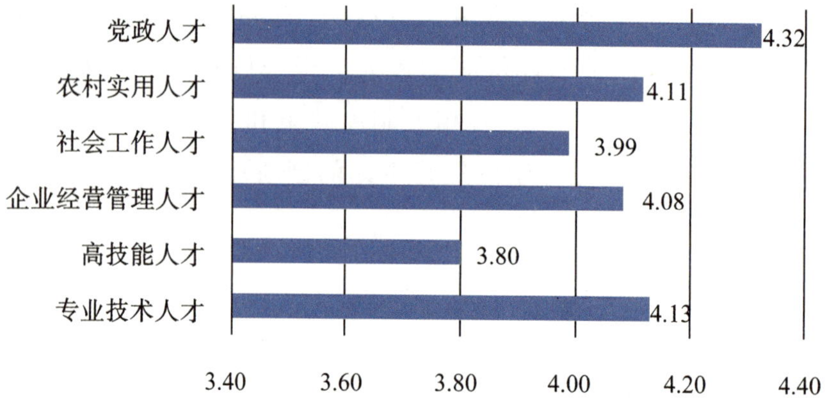

图5.5　不同类型人才对创业就业环境满意度的评价

从不同类型人才和地区交叉分析结果可知(见图5.6),烟台市各区市普遍需要加大对社会工作人才创业就业的资金支持力度,可以选送优秀社会工作人才到高等院校深造或经济发达地区考察学习,帮助他们提高创新创业能力,同时提高用人单位与应聘者的信息对称程度,招聘信息实现各平台同步。

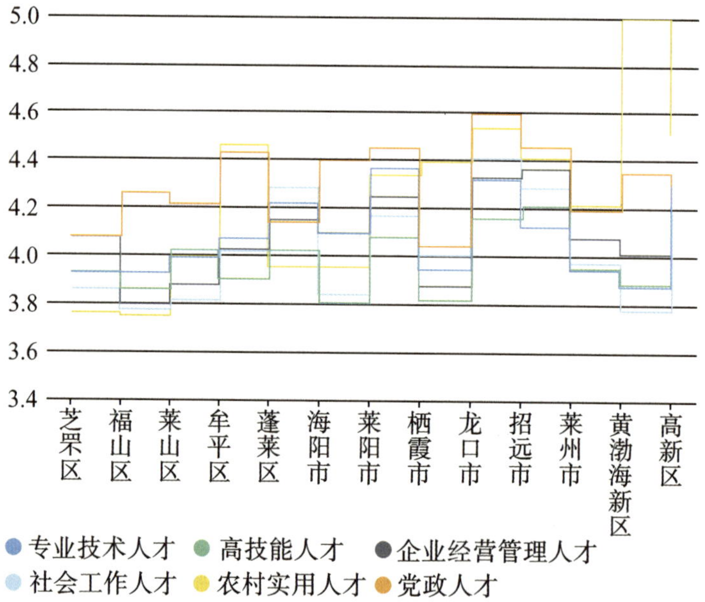

图5.6　人才类型与区市对创业就业环境满意度的交叉分析

四、人才政策满意度

人才政策满意度主要评估被调查人才对所工作和生活城市人才政策

的内容、执行力度、覆盖度等的满意程度，结果如图5.7所示。从图中可知，不同类型人才对人才政策满意度有小幅度差异，总体来说，高技能人才和党政人才对人才政策的满意度较高，农村实用人才和专业技术人才对此的评价相对较低。

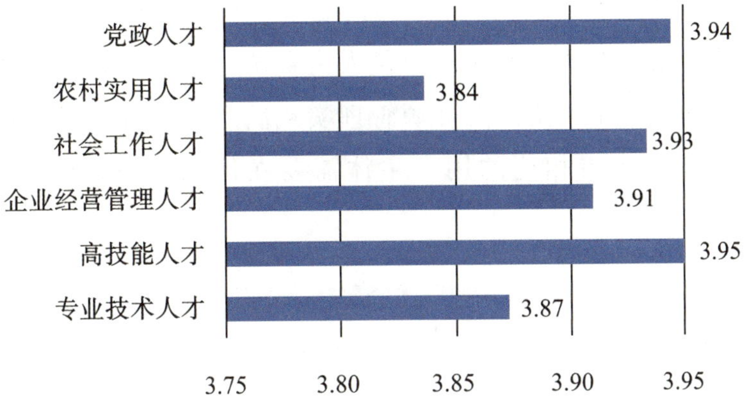

图5.7　不同类型人才对人才政策满意度的评价

从不同类型人才和地区交叉分析结果来看（见图5.8），烟台市需要简化人才补贴申请流程，对标经济发达地区人才待遇，加大对人才的支持力度，给予人才充分的自主权，鼓励单位搭建纵向的人才体系，防止人才外流。

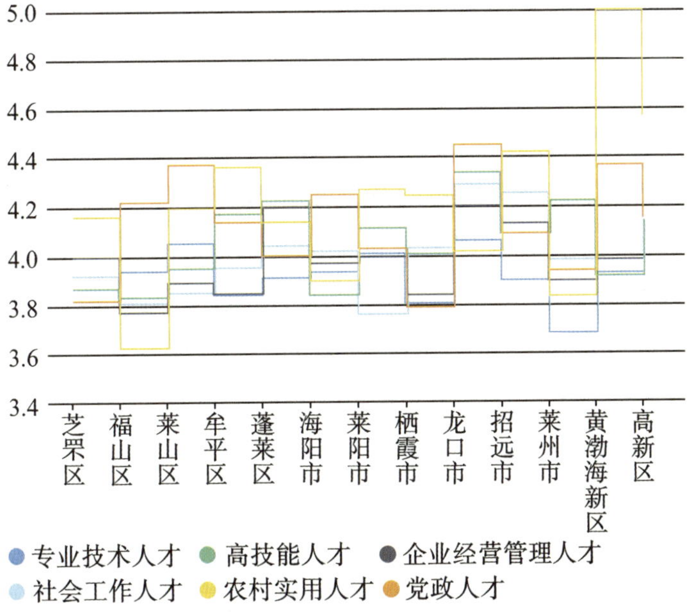

图5.8　人才类型与区市对人才政策满意度的交叉分析

五、人力资源管理实践满意度

人力资源管理实践满意度主要评估被调查人才对其所在单位人力资源管理活动的满意度,包括招聘、培训、绩效管理、薪酬、员工参与等方面。从图5.9可知,党政人才对其所在单位人力资源管理实践满意度评价较高,高技能人才对其所在单位人力资源管理实践满意度评价较低,整体得分有待提高。因此烟台市相应的用人主体需要在优化人力资源管理方面下功夫。

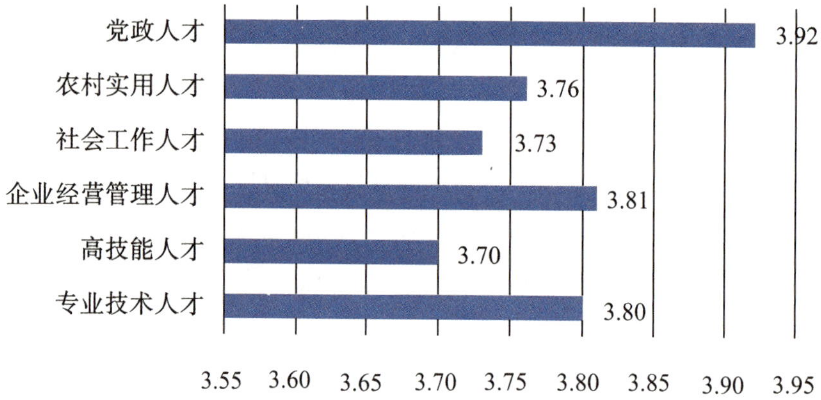

图5.9　不同类型人才对人力资源管理实践满意度的评价

从不同类型人才和区市交叉分析结果可知(见图5.10),农村实用人才对用人单位人力资源管理实践的满意度呈现出较大的波动,不同区市的社会工作人才对人力资源管理实践的满意度较为一致。回溯问卷调查数据发现,人才反映的问题多集中在工作压力、薪酬待遇、职称申报方面。因此,烟台市的用人主体需要在这几个方面进一步努力。

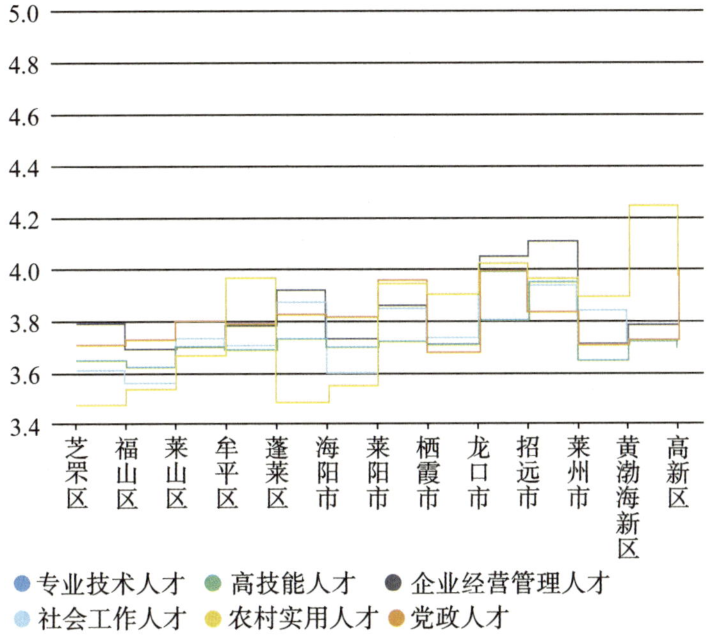

图5.10　人才类型与区市对人力资源管理实践满意度的交叉分析

六、组织人才生态满意度

良好的人才生态对组织获得高质量人才至关重要，主要从制度与文化环境、物质环境、创新与研发环境、人事环境和业绩环境等几个方面进行评价。不同类型人才对其所在组织的人才生态满意度评价如图5.11所示。由图可知，党政人才对其所在单位组织人才生态满意度评价较高，社会工作人才对其所在单位组织人才生态满意度评价较低。烟台市企业用人主体在人才生态建设方面还存在一定的短板。回溯问卷调查数据发现，创新与研发环境、制度与文化环境的问题较为突出，主要表现在外部研发合作组织数量偏少，人均研发支出偏低，对员工进行文化、制度的培训次数较少等。

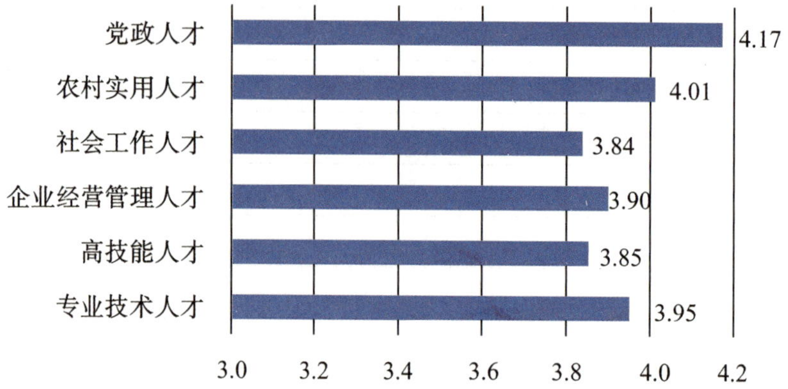

图5.11　不同类型人才对组织人才生态满意度的评价

不同类型人才和区市的交叉分析结果显示(见图5.12),不同区市农村实用人才对组织人才生态满意度评价波动性较大,莱阳市、龙口市不同类型人才对组织人才生态满意度的评价相对较高,对全市其他区市用人主体具有一定的借鉴意义。

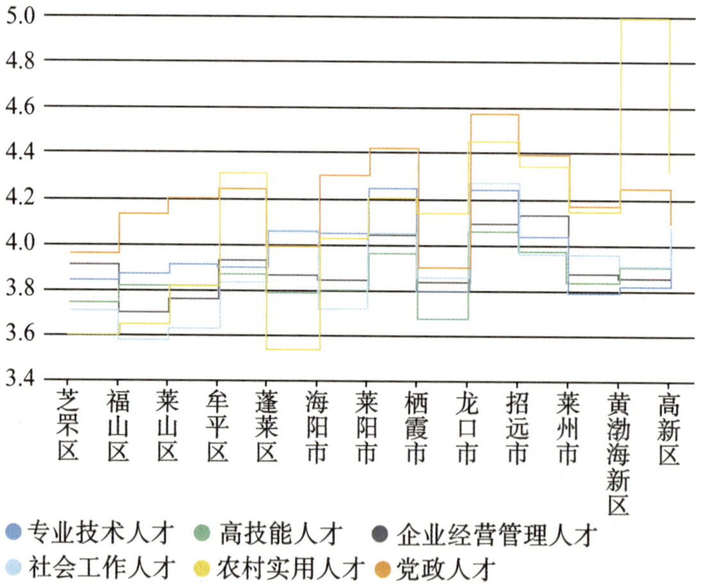

图5.12　人才类型与区市对组织人才生态满意度的交叉分析

第六章　烟台市13区市人才工作综合评价

基于对烟台市13区市人才竞争力与人才满意度的系统分析，结合各区市的人才工作情况，对烟台市13区市人才工作的综合评价如下。

一、芝罘区

（一）人才工作概况

近年来，芝罘区大力实施"人才强区"战略，深化党管人才工作格局，人才队伍加快壮大，平台载体稳步建强，人才生态不断优化，为打造绿色低碳高质量发展示范城市中心城区样板提供才智支撑，获评2023年度山东省人才工作表现突出单位，累计3次获评烟台市人才工作表现突出单位。

芝罘区现有常住人口87.96万人，拥有本科及以上学历人才约12万人。2022年以来，围绕全区产业发展引才育才，引进各类人才3.9万余名，其中硕士学历人才2100余名，博士学历人才80余名，人才引进数量呈逐年上升趋势。持续强化高层次人才培育，11名人才入选国家级人才，12名人才入选泰山系列人才，2名人才评选为齐鲁（大）工匠，1100余名人才取得高级职称。

（二）人才竞争力和人才满意度分析

对细分维度进行分析，芝罘区在资源要素方面具有一定的相对优势，表现在人才规模上，其"就业人口总量"比较突出，在"人口总量"方面优势明显，这一点在基础设施维度上也有所体现。除去资源要素方面，芝罘区在结构要素方面也表现较好,尤其在产业结构维度中,其“产业结构高级化指数”与“产业结构服务化指数”表现突出,均居13区市之首。但在“工业贡献率”和“优质科技用人主体比重”方面得分位于全市中游,一定程度上反映了其工业发展略显薄弱。总体而言,芝罘区的人才竞争力较好,发展水平较高,其资源要素和结构要素拥有较大的优势。

人才满意度方面,芝罘区在多个方面满意度优势尚不明显,尤其是农村实用人才的满意度亟待提高,各项政策措施落实情况尚需改善。

(三)主要做法与成效

1.完善工作机制,人才工作合力不断增强

一是强化顶层设计。坚持党管人才,制定出台《关于全面构建大人才工作格局的实施意见》,区委书记和区长任区委人才工作领导小组双组长,定期召开领导小组会议,研究部署人才工作重点任务,印发人才工作要点,发挥组织部门牵头抓总作用,凝聚街道园区和成员单位工作合力。二是优化政策体系。聚焦“招引”“培育”“平台”“生态”多个维度布局人才政策,推出芝罘区“人才金政”十五条,打造全链条人才政策体系。优化人才公寓政策,拓宽政策服务范围,提升人才入住体验。三是擦亮人才品牌。指导人才工作领导小组成员单位根据职能确定“书记人才项目”,压实“一把手”抓“第一资源”主体责任,打造一批人才工作特色品牌。四是提升市场化水平。发挥深蓝人才发展集团作用,完善集团组织架构及业务板块,调动企业、人才机构、人才等多种力量参与人才工作,凝聚招才引智合力。

2.创新招引路径,产才融合度持续提升

一方面,立足区情,请进来谈。紧扣总部经济、数字经济、现代金融、时尚文旅四大重点产业,聚焦全区产业发展和企业需求,发挥国家级人力资源服务产业园优势,开展各类引才活动。举办中国人力资本发展论坛、芝罘(深港)投资推介暨首届创新创业大赛、芝罘区海洋产业发展对话会等高端论坛活动10余场,签约落地20余个人才项目,签约金额超亿元,促成中

国工程院杨宝峰院士与瑞康医药的项目合作。另一方面，拓宽视野，走出去引。到国内高校院所、人才创新资源富集的地区开展推介宣讲、才企对接活动，赴深圳举办医药健康产业高端人才洽谈会，赴北京举办“菁英之福”招才引智活动，赴中国石油大学、西安交通大学等高校开展“名企名校行”活动；依托北京、上海、深圳、济南驻外招商中心成立人才工作站，打造“四市四站四中心”引才前沿阵地，引进产业契合度高、科技含量足的优质项目团队，累计引进高层次人才团队12个，招引硕士及以上人才500余人。

3.坚持精准培育，人才平台建设取得实效

一方面，抓实人才培育。发动科技、工信部门对全区规上企业和重点科技型企业进行拉网式摸排，建立符合条件的“目标型”人才项目储备库，一对一制定人才培育计划，提高申报入选率。2022年以来，累计组织130余名人才申报国家级人才、210余名人才申报省级人才，其中，11名人才入选国家级人才，12名人才入选泰山系列人才，2名人才入选齐鲁（大）工匠，项目入选人数实现每年翻倍增长。另一方面，做优平台载体。优化国家级人力资源服务产业园，坚持“政府主导＋市场化运作”运行机制，整合资源，为企业提供“订单式”服务，擦亮国家级园区“金字招牌”。打造中电光谷智造产业园、万马（芝罘）产业港等高端载体，加快技术创新中心、博士后科研工作站等创新平台建设，强化平台载体对人才创新创业拉动作用。目前全区共有人才载体平台104处，其中，国家级人才载体8处，省级人才载体48处，拥有研发人员8021人，其中博士1448人。

4.健全服务体系，人才发展环境持续优化

一是强化联系服务。健全完善党委联系服务专家制度，编印《芝罘籍在外人才通讯录》，建立在外人才“送政策、送服务、送温暖，问需求、问合作、问良策”的“三送三问”走访机制，运用信函、微信等方式加强与在外人才沟通联系和政情通报。二是优化人才环境。大力实施人才安居工程，打造蔚蓝1861、幸福、学府3处高品质人才社区，实施“1＋2＋N”人才社区服务模式，为青年人才提供1套一年免房租居所，提供“优享生活”“创业加油”等2类共享空间，提供政策答复、就医帮助等N项贴心服务。三是营造爱才氛围。成立高层次人才社会化服务联盟,优选33家“金牌合伙人”商家,为高层次人才提供“吃住行游购娱医教养”等优惠服务。打造青年人才会客厅、青年人才驿站10余处,举办青年人才联谊活动30余场,完成3900余名高层次人才分类认定,累计兑现青年人才补贴1.5亿余元,发放“人才贷”5200万元。

二、福山区

(一)人才工作概况

近年来,福山区深入贯彻落实人才强国战略,锚定打造新时代人才集聚小高地目标,纵深推进“智汇福山 创新赋能”人才工作。通过积极构建人才引育、平台阵地、服务保障三大支撑,与南京航空航天大学院士团队合作,打造“两中心一基地”三大国家级创新平台,规划建设南航国际创新智谷,推动总投资560亿元的潍柴弗迪新能源动力产业园落地,获批省人社厅“四链融合”试点区,全区人才总量突破6.3万人,为高质量发展筑牢智力根基。

福山区人才总量呈逐年稳步增长态势,从学历结构来看,大专及以上学历人才占比较大,其中硕士、博士等高学历人才近3年新增1015人,增速明显。年龄分布上,青年人才成为主力军,近3年新引进大专以上青年人才9000余人,占新增人才总量的八成以上。产业分布方面,主要集中在汽车、装备制造等优势产业,仅汽车产业就拥有人才约1.5万人。在高层次人才引进上成绩斐然,近3年申报国家级、省级人才100余人,成功入选8人,累计入选9人,市级以上高层次人才已达231人。技能大师不断涌现,高技能人才总数突破1.1万人,近3年累计新增2520人,为产业发展筑牢了人才根基。

(二)人才竞争力和人才满意度分析

福山区在政府推动方面表现突出,政府和社会对教育的投入力度大,教育资源丰富,为教育发展提供了坚实的物质基础,有助于提高劳动者素质,培养更多高素质人才,提升劳动生产率,推动技术创新和产业升级,从而促进经济长期稳定增长。

人才满意度方面，福山区各类人才对各方面的满意度差异较大。农村实用人才普遍认为政策力度尚显不足，而党政人才的满意度较高，还需要各部门人员发挥主观能动性，带动其他类型人才提高政策认知水平，助力人才满意度提升。

（三）主要做法与成效

1.放大产才融合效能，构建多元联动的人才引育支撑

一是实施“领军汇聚”行动。发挥企业主体、中介举荐、政府引导等各方面作用，近三年申报国家级、省级人才100余人，成功入选8人，累计入选9人；摸排340家规上企业、高新技术企业运营情况，整合科研课题、项目申报等方面政策资源，培养和储备领军人才后备人选35人。二是实施“工匠磁聚”行动。深化“揭榜挂帅”引才机制，科学编制急需紧缺人才引进、关键核心技术攻关、人才教育培养供给“三张榜单”，探索构建以职称等级和技能等级为发放标准的普惠性补贴政策体系，74家企业获批技能人才自主评价资质，组织新型学徒、金蓝领培训649人，区分12个工种，举办职业技能竞赛20余场。三是实施“菁英集聚”行动。编制发布人才需求目录25期，持续办好青年人才嘉年华系列活动。“走出去”，赴“双一流”重点高校开展“名企名校行”专题招聘；“请进来”，邀请高校来福开展“就业体验日”“名校访企福山行”等活动；“沉下去”，依托商业街区、城市公园等举办人才夜市、人才集市。近年来，累计举办引才活动165场，新引进大专以上青年人才9000余人，获批省青年发展友好型县域建设试点。

2.强化平台承载能力，构建多链驱动的平台阵地支撑

一是提升校地平台质效。充分发挥福山区“在‘四链融合’中发挥核心支撑作用”试点区优势，累计建成院士工作站5处、博士后基地5处，市级以上创新平台突破130个；与南京航空航天大学合作，由院士团队领衔共建智能制造技术与装备创新中心、复合材料检测中心、智能装备中试基地三大国家级平台。二是提升创新主体层级。探索推进“一产一智库”产才融合

支撑行动，建立产业人才智库体系，选聘产业首席专家，为产业转型升级提供有力智力支撑。组织潍柴新能源、博世华域等龙头企业组建创新创业共同体，高新技术企业、瞪羚企业、专精特新企业数量连续3年实现增长，总数分别达到129家、30家、80家。三是提升创业孵化能力。依托新能源汽车创新中心建设烟台市产业会客厅，聚焦全市“9＋N”制造业产业集群，开展企业沙龙活动30期，打造集产品推介、创新孵化于一体的高能级产业合作交流载体；坚持“平台＋人才＋项目”一体化发展，引入联东U谷、中南高科等专业化园区，提升新能源汽车孵化基地等平台承载能力，引入高端项目70余个，储备研发人员3000余人。

3.着力办好“关键小事”，构建多维支持的服务保障支撑

一是创新打造“福山人•福山福”服务品牌。深化福山籍优秀人才“雁归计划”，形成10325名福山籍人才信息库，建立区、镇两级重点人才名单，举办福山籍学子就业体验日、亲情关怀行动等活动，促成落地优质项目20余个，回引青年人才1000余人，引导在外优秀学子回乡创新创业。二是常态化开展“暖心实事”服务活动。聚焦人才身边“关键小事”，连续三年举办“四季暖才•聚福同行”系列活动，清单式推出人才相亲、健康体检、子女研学行等暖心服务，明确责任单位和具体服务事项，每月一到两个主题，持续开展人才服务活动，增强人才黏性。三是构建“全生命周期”服务机制。打造“1＋N”人才阵地，即建设南航大创新平台1处人才社区，优化布局福惠人才公寓、高创园、新能源汽车孵化基地等N个特色化、区域化人才服务阵地；面向社会公开精选50余家优质服务供应商，推出人才专属服务事项100余个，扩充人才编制“蓄水池”，设立烟台市福山区智能制造技术与装备创新研究中心公益一类正科级事业单位，核定编制52名，全面支持紧缺人才发展。

三、莱山区

(一)人才工作概况

近年来，莱山区深入贯彻落实中央和省委、市委人才工作会议精神，紧

紧围绕烟台市人才集聚节点建设要求，牢固树立人才引领发展的理念，聚焦产才融合发展，在人才“引、育、留”上持续发力，不断集聚战略人才力量，人才工作服务高质量发展取得新进展、新成效。

莱山区以打造“精致舒美的中央活力区”为目标，聚焦人才“引、育、留”全链条，深化校地合作、优化服务生态、强化平台支撑，推动人才链、教育链、产业链、创新链深度融合，为区域高质量发展注入强劲动能。2022年以来新增国家级人才12名、泰山产业领军人才7名、烟台市“双百计划”人才4名、外国专家182名、海外留学归国人员103名、博士49名、硕士1288名、大学生17388名。博士及青年人才规模连续三年稳步攀升，人才对区域经济增长的贡献显著提升，人才集聚效应和辐射效应持续扩大，为产业升级和区域协同发展提供关键支撑。

（二）人才竞争力和人才满意度分析

莱山区在结构要素方面表现优异，其“高新技术产业占规模以上工业产值比重”指标位居全市前列，一定程度上反映出莱山区工业结构正从传统粗放型向高端化、智能化、绿色化转型升级，经济发展质量更高、效益更好。从需求条件方面看，莱山区在产业发展维度中有较好表现，“平均劳动者报酬”和“产值利润率”两个指标表现突出，其产业结构方面表现也比较稳定。莱山区近年来持续优化升级“莱山英才计划”，坚持将引进培育人才作为推动企业科技创新和经济持续高质量发展的重要抓手，努力打好“政策牌”，始终保持政策的吸引力，全力打造人才集聚“高地”。

人才满意度方面，莱山区各方面的满意度表现较为平衡，党政人才满意度普遍较高，但相对来说农村实用人才的满意度有待提升。

（三）主要做法与成效

1.进一步完善体制机制，优化人才工作体系

重点做到了“三个坚持”：一是坚持高标准落实党管人才。坚持每年召开区委人才工作领导小组会议，对全区人才发展重要政策措施进行研究审

议。实施党委(党组)书记人才工作项目创建工作,压实"一把手"抓"第一资源"主体责任。二是坚持全方位强化招引力量。整合政府力量,召开全区人才工作专题推进会议,明确各阶段全区人才工作重点,充分发挥各职能部门优势以推进人才工作。强化专业力量,成立烟台市正大人才发展有限公司,不断提升人才工作市场化、专业化水平。激发高校力量,围绕人才引育、产业发展、科技创新等方面召开校地交流会60余场次,进一步凝聚招才引智工作合力。三是坚持系统化集成人才政策。在省、市人才政策的基础上,制定出台《关于加快实施"莱山英才计划" 全面推进新时代人才强区建设的意见》,将补贴范围由人才、中介、企业扩展至企业负责人等群体,进一步扩大政策覆盖面。探索人才公寓租赁管理使用新途径,动态筹集人才公寓房源,出台《莱山区人才公寓分配及使用管理规定(试行)》,在全市率先推出定制型、家居型、驿站型三种人才公寓,满足各类人才与用人单位需求,改善符合条件的高层次人才的居住环境。

2.进一步打造平台体系,提升产才融合水平

重点进行了"三个布局":一是布局建设科创平台。烟台杰瑞石油服务集团股份有限公司成功申报离岸创新基地,建立国际科技合作渠道、对接海外创新创业资源。成功落户院士工作站3个,博士后科研工作站1个,博士后创新实践基地2个,区域人才创新发展空间进一步提升。二是布局提升企业平台。大力支持企业发展,三年内新增专精特新企业70家、国家科技型中小企业96家、工业设计中心22家、工程研究中心12家、技术创新中心3家、企业技术中心5家、高新技术企业36家;聚焦人力资源服务产业,建成莱山区首个人力资源服务产业园。三是布局搭建校地平台。连续承办四届驻烟高校(院所)高层次人才产学研合作对接会,实施开展"四链融合、向新而行"产学研"三百"计划、驻烟高校专场推介会等活动,进一步深化校地产学研合作,累计从驻地高校选派87名人才科创顾问到企业驻点开展科研攻关和技术指导,选派24名创新创业导师(产业教授)到驻地高校讲授创新创业经验或行业最新技术成果,校企双方开展人才互动,实现校企资源互通、互利共赢。累计发布139项企业技术需求"揭榜挂帅"项目,促成区内70余家企业与驻地高校院所联合共建平台19项、开展产学研合作147项,共建大学生实习基地5处,合

作申报国家级人才项目10个。

3.进一步提升服务水平,优化人才发展生态

重点做实了“三项举措”:一是拓宽服务范围。持续扩大“菁聚莱山”人才服务联盟,服务商增加至61家,稳步推进“青年优驿”建设工作,接待100余名人才免费入住,为各类人才在莱山创新创业、安居乐业提供全链条、多方位的优质服务。二是落实服务内容。聚焦“关键小事”,累计组织300余名高层次人才进行免费体检,开展“职等你莱,山海相依”等青年人才招聘活动30余场次,扎实开展高层次人才分类认定,大力推广使用烟台“优才卡”“优青卡”,新认定E类以上人才2902名,在人才社区发放分类认定证书和烟台优才实体卡3389张。三是创新服务形式。聚焦高校青年人才的成长需要和发展需求,在高校院所密集区域打造“享莱就莱”人才社区、优徕青年人才之家,举办声乐、舞蹈、烘焙等青年人才喜爱的“青年夜校”系列活动60余场次,产才对接等活动22场次,各类人才座谈会10余场次,服务人才5000余人次。举办烟台市高层次人才“魅力烟台体验日”莱山区专场活动,以“研学游”的形式组织高层次人才及其家庭成员深入了解莱山区人才环境,丰富了高层次人才的精神文化生活。

四、牟平区

(一)人才工作概况

牟平区深入学习贯彻习近平总书记关于做好新时代人才工作的重要思想,全面落实中央和省委、市委人才工作领导小组会议部署,坚持党管人才原则,大力实施“人才强区”战略,全面紧扣中心工作、紧贴发展大局,积极完善人才工作运行机制,统筹推进各类人才队伍建设,人才工作取得创新发展。近年来,全区人才总量不断攀升,院士等顶尖人才加速集聚,高层次人才、技能人才量质齐升,青年人才活力倍增,人才引领驱动高质量发展能力显著增强。

目前,全区各类人才总量突破9.2万人。学历结构方面,高学历人才集

聚效应凸显,具有大学文化程度人才超过6.23万人,占全区人口总数的13.98%,每年新增硕博研究生及博士后人才300人左右。高层次人才引育方面,通过建立院士工作站、柔性引进等方式,引进合作院士专家10名,引育国家级、省级重点人才52名,培育“双百计划”等市级以上领军人才187名。国际人才合作方面,积极拓展海外引才渠道,建立海外研发中心16处,与海外80余家科研机构建立合作关系,累计引进外国专家112名、海外留学生283名。在青年人才集聚方面,实施“青春有约•才聚牟平”计划,定期举办博士牟平行、就业体验日等系列活动,每年吸引超过2000名青年人才来牟创新创业。人才平台搭建方面,全区新增院士工作站、烟台新药创制山东省实验室、博士后科研工作站等省级以上创新平台17个,累计拥有各类人才发展平台65个,累计培育高新技术企业等优质科技用人主体234个。

(二)人才竞争力和人才满意度分析

牟平区在机遇驱动方面表现较好,其“就业环境”和“创业环境”两个指标分值较高,本地的人才生态环境得到的评价较高,人才发展空间充足,具备一定的发展潜力。牟平区在组织人才生态方面同样处于区市前列,为人才提供了施展本领的舞台,塑造了良好的干事创业氛围,帮助他们在实干中发挥所长。但整体来看,牟平区多个方面发展情况尚未处于全市前列,人才竞争力有待提升。

人才满意度方面,牟平区在中小学及幼儿园教育满意度方面得分较高,在一定程度上反映出牟平区对青少年的教育情况极为重视。总体上看农村实用人才对各方面的满意度相对较高,相对应的公共服务体系建设较为完善。

(三)主要做法与成效

1.坚持党管人才,推动人才工作机制高效运行

按照党管人才原则要求,优化人才工作运行机制,强化组织部门牵头抓总、职能部门各司其职,推动全区人才工作科学高效有序运转。一是进

一步强化人才工作力量。根据实际工作需要,及时调整区委人才工作领导小组,修订《牟平区委人才工作领导小组工作规则》,明晰各部门具体责任。建立人才工作重大事项报告制度,保持上下信息畅通。二是进一步完善人才工作制度。完善人才工作考核评价、会商协调等机制,配套重点人才项目落地机制、评审工作方案等,对重点人才项目给予从孵化到成长再到壮大的全生命周期的政策支持。三是进一步探索改革创新试点。承担全省人才发展体制机制改革、烟台市人才集聚节点建设、生物医药产业“四链融合”等三项试点任务,不断探索体制机制创新,着力破除人才培养、使用、评价、支持等方面的体制机制障碍。四是进一步强化专项资金使用管理。认真落实人才专项资金管理制度,规范资金使用流程,强化使用管理,确保人才工作经费合理使用,提高工作质效。

2.坚持产才融合,推动人才平台建设能级跃升

按照产业发展需求,聚焦主导产业和新兴产业布局,改进工作方式方法,不断增强人才承载力。一是增强人才平台承载能力。坚持以重点产业为引领,全面推进省实验室、院士工作站等各类人才平台建设,人才承载能力进一步增强。二是加大重点人才工程支持力度。做好国家级、省级、市级重点人才工程申报工作,通过广泛动员、业务培训、实地指导等,逐年提高申报工作质量,以人才工程申报为抓手提高人才培养水平。三是搭建产业人才培养体系。统筹做好产业人才梯队培养建设,组织实施“汇智圆梦•聚才兴牟”等人才培养计划,积极加大急需紧缺人才培养引进力度,提高人才培养精准度。

3.坚持注重实效,推动人才队伍建设提质升级

按照实事求是要求,统筹人才资源,以“五支队伍”建设为抓手,不断夯实人才队伍基础。一是加大高层次人才培养引进力度。根据区内用人需求,精心实施高层次人才培养引进计划,通过开展重点人才工程申报,探索全职双聘、柔性引进等合作模式,拓宽高层次人才引育渠道。二是做大领军人才队伍总量。紧密围绕区域主导产业和新兴产业发展需求,建立领军人才需求目录,并实行动态更新机制,通过深化产教融合、校企合作,聘任

“科技副总”“产业教授”等方式,做好领军培养引进工作。三是提高青年人才集聚能力。实施“青春有约 才聚牟平”计划,通过政企联动、精准匹配等方式,举办博士牟平行、就业体验日等各类活动,持续为青年人才搭建交流平台,助力人才集聚与城市发展。

4.坚持优化服务,推动人才发展氛围持续向好

按照需求导向、问题导向要求,加强与人才的经常性联系服务,帮助人才解决实际困难,营造良好氛围,努力让人才安下心来、扎下根来。一是强化产业人才政策牵引。成立半岛人才科创集团,出台《“留牟无忧”高层次人才服务体系建设实施办法(试行)》,不断加大产业人才支持力度。二是强化产业发展氛围营造。连续举办三届“汇智圆梦•聚才兴牟”人才节,3个人才团队荣获国家级、省级科技进步奖,全区产业创新活力进一步迸发;创办“昆嵛讲坛”活动品牌,邀请海内外名师定期做客开讲,以活动品牌涵养创新创业氛围。三是强化产业提升组团服务。组建人才服务联盟,筹集76家人才服务优质商户,在42个公共场所开展服务标准化建设,为人才提供“吃住游购娱”专属服务;每年组织高层次人才及家属进行健康体检,及时协调解决高层次人才配偶安置、子女入学等问题,持续优化拴心留才生态环境。

五、蓬莱区

(一)人才工作概况

近年来,蓬莱区深入学习贯彻中央、省委、市委人才工作会议精神和习近平总书记关于做好新时代人才工作的重要思想,大力实施“人才强区”战略,以推进人才制度和政策创新为抓手,纵深推进“才聚仙境,蓬勃未来”品牌工程,构建“1+19”人才政策体系,持续提升人才政策竞争力、招才引智影响力、产业人才聚合力、服务环境吸引力,统筹打造高水平高素质人才队伍,加快构建具有蓬莱特色的区域人才中心和创新高地。先后2次获评“山东省人才工作表现突出单位”,入选“青年人才首选山东20大潜力城市”,人

才工作经验做法获评“山东省基层人才工作优秀创新案例”。

蓬莱区人才总量突破7.6万人，从人才队伍学历看，研究生及以上学历占1.5%，大学本科占26.5%，大学专科占30.5%，中等专科占41.5%，近3年本科、硕士、博士平均增长率分别为9.6%、43.6%、95.8%。从人才类型看，专业技术类人才约占7%，经营管理类人才约占9%，党政人才约占2%，技工类人才约占60%，其他类人才约占22%。高层次人才方面，申报入选烟台市级以上人才工程117人，其中，国家级人才18人，省泰山产业领军人才6人。平台载体方面，共建立市级以上创新平台载体160家，其中省级以上创新平台载体59家，占比36.9%，拥有国家级创新平台载体3家。

（二）人才竞争力和人才满意度分析

蓬莱区在结构要素的产业结构维度上表现突出，位居全市前列，“高新技术产业占规模以上工业产值比重”较高，万元GDP能耗下降强度较大，充分利用现有资源，扎实推动生态文明建设，取得了实实在在的成效。蓬莱区还保持着较高的产值利润率，其辅助条件中的用人主体人才管理能力也表现优秀，对人才驱动发展的管理和落实都表现出了高度重视。蓬莱区在市场化配置方面表现极佳，其“劳动市场开放度”“就业环境”“创业环境”三个指标得分均较高，为人才提供了良好的发展环境。整体而言，蓬莱区的人才发展环境较为优良，而在资源要素方面相对薄弱，有待改善。

人才满意度方面，蓬莱区整体得分表现出较大的差异，比较突出的问题存在于人力资源管理实践和组织人才生态方面，五类人才未能给出较为一致的得分，需要加强相关理论指导和政策引导。相对于本区市其他类型人才而言，蓬莱区的社会工作人才对各个方面的满意度普遍较高。

（三）主要做法与成效

1.构建具有特色的产业集聚格局

一是打造“两翼”产业人才集聚区。聚焦服务绿色新材料、海工装备“两翼”产业发展，加快推进以万华新材料低碳产业园、海工产业园为核心的特色产业人才集聚区试点建设。发挥万华化学、中节能万润、大金重工、上海电气等重大产业项目龙头作用,聘请59名高端人才建立化工新材料、海工装备产业智库,征询意见建议18条,论证重点项目9个,集聚区人才总量突破4800人。二是打造高能级科创平台增长极。构建"产业研发平台+企业科创平台+园区孵化平台"载体体系,鼓励支持全区重点企业与各类科研机构、高等院校建立产学研合作关系,设立3个离岸式"科研飞地",推动获批国家级平台3个、省级以上创新载体59个。三是建强体制机制改革创新区。深化"揭榜挂帅"引才机制,科学化编制急需紧缺人才、关键核心技术、人才教育培养供给"三张榜单",聚焦产业发榜39项"卡脖子"技术难题,榜单额达3.5亿元,实现揭榜26项,揭榜率达66%。连续3年开展"一镇街一品牌、一部门一特色"创建活动,制定"书记人才项目清单""重点人才工作任务交办清单",人才工作项目完成度90%以上。

2.打造多元联动的人才引育矩阵

一是实施高端人才倍增计划。连续四年,每年集中利用1个月时间,举办"人才节""人才月"系列活动,承办核辐照防护工程材料与技术国际研讨会、大数据驱动中西医结合精准诊疗战略研究会议等大型人才活动40余场,累计邀请省部级以上人才500余人,达成合作43项,打造集高峰论坛、人才交流、项目对接、人才服务于一体的品牌盛会。二是实施青年人才集聚计划。打造"百企千岗进校园"、青年人才引育创新"N次方"计划等青年人才引进品牌;"走出去",赴"双一流"等重点高校开展"名企名校行"专题招聘活动80余场;"请进来",邀请50余所高校来蓬开展"就业体验日""名校访企蓬莱行"活动,近3年累计引进青年人才9000余人。三是实施桑梓人才雁归计划。实施"天南地北"蓬莱人桑梓人才提升工程,收集汇总蓬莱籍在外优秀人才1900人,依托大数据平台建立"天南地北蓬莱人"信息库,举办蓬莱籍青年博士论坛,先后组织走访返乡过节人才300余次。

3.优化充满活力的人才发展生态

一是实施"项目化"服务保障。建立63名人才服务专员队伍,搭建"仙境惠才通"线上服务平台,开展区情体验日、政策宣讲日、青年人才夜校、青年集体婚礼、人才健康体检、人才政治引领等十大人才暖心实事活动。二是完善“个性化”安居保障。着力构建“多主体供给、多渠道保障、租购并举”的人才住房保障机制，面向全区大专及以上学历人才配租350套人才公寓，入住率达93%。遴选一批环境优质、交通便利的房源，发放百张“人才购房券”，每年举办3场“人才团购房”活动。三是提供“集成化”综合服务。重点打造海上风电国际母港人才社区、万华公寓人才社区，建设居住、工作、商务、休闲10分钟生活圈。优化盛唐人才之家、三仙山人才公寓荟客厅、故里青年人才街区等人才服务阵地功能，开展读书会、联谊会、就业创业座谈会等活动40场以上。

六、海阳市

（一）人才工作概况

近年来，海阳市全面贯彻落实上级人才工作部署，坚持党管人才原则，坚决扛牢“一把手”抓“第一资源”责任，不断完善党委领导、部门协同的工作体系；加强科创平台建设，全力推动“东方慧眼”智能遥感星座建设、开放地球引擎系统平台应用和东方航天港研究院高质高效运行，持续推进科技创新和产业创新深度融合；强化服务供给，优化人才公寓、子女入学、配偶安置等服务举措，全方位提升服务质效。全市人才队伍壮大，自主培育提质，产才融合推进，载体平台建设取得重要成效。

目前，海阳市人才总量突破5.8万人。从学历来看，大专及以下学历占比约83.16%，本科学历占比约15.79%，硕士及以上学历占比约1.05%。从年龄来看，35岁及以下占比约17.79%，36岁到54岁占比约65.65%，55岁及以上占比约16.56%。从分布领域来看，高技能人才占比45.86%，农村实用人才占比约39.69%，专业技术人才占比约14.45%。“十四五”期间，海阳市人才总量呈现持续上升趋势，增长约7.9%，其中，高技能人才和农村实用人才增长较为明显。自主培育国家级和省部级人才13人，引进博士18人，拥有高级职称人才达到1858人。

(二)人才竞争力和人才满意度分析

海阳市在政府推动方面有较好表现,但产业结构还存在一定优化空间,优质科技用人主体作为顶尖科技人才的集聚地、优质青年科技人才的孵化地,需要得到更多的思想重视和资金资源倾斜,需着力在政府推动方面给予更多有力支持。

人才满意度方面,海阳市在13区市中表现居中,各方面满意度没有明显短板,但相对缺乏突出优势,各类人才对于不同方面的满意度存在一定差异。

(三)主要做法与成效

1.坚持党管人才,凝聚大抓人才合力

坚持"一把手"抓"第一资源",升格市人才工作领导小组为市委人才工作领导小组,由市委、市政府主要负责同志任"双组长",领导小组成员单位由21个扩充到24个,完善议事和工作规则,落实好领导小组会议、重大事项报告和重点任务立项督办等各项制度,先后出台《海阳市"引才强企行动"实施办法》《海阳市推进丁字湾新型能源产业人才集聚区建设试点实施方案》等多个政策文件,健全人才培养、引进、使用、评价、流动、激励、保障等机制,人才培养集聚能力显著增强。充分发挥书记的岗位职能优势,深入实施党委书记人才工作项目,最大限度打通部门壁垒、调动各方资源,有效凝聚工作合力,先后解决了载体建设、制度创新、产才融合等人才发展难点问题20余项,相关工作做法多次获省市主要领导批示肯定。

2.深化产才融合,构筑人才集聚高地

围绕"高精尖缺"和"卡脖子"领域,通过"一事一议""一人一策"方式,加大院士团队人才、平台、项目一体化引进力度,落户武汉大学李德仁院士团队的"东方慧眼"星座项目,上线武汉大学龚健雅院士主导的开放地球引擎(Open Geospatial Engine,OGE)平台。发挥国家级重点人才工程

和泰山人才工程作用，围绕航空航天、清洁能源等科技创新重点领域，先后培育引进国家级人才3人、省泰山产业领军人才10人。加大青年人才引进力度，积极落实青年人才普惠性支持政策，充分发挥企业引才育才主体作用，累计引进青年人才1万余人，入选“青年人才首选山东20大潜力城市”。

3.聚焦科技创新，加强平台载体建设

着眼产业发展，深度对接高校院所，全面深化战略合作，以高能级平台载体助推人才引育、产业升级，与山东大学、中科院高能物理研究所合作，成立2家博士后创新实践基地；与70余家产业上下游企业和30余家行业高校院所合作，成立全国核电装备行业产教融合共同体、山东省航空航天产教融合共同体；与武汉大学共建东方航天港研究院，打造研究生实践基地。近年来，全市先后获批建设省市重点科创平台25家，新能源产业和毛衫产业成功入选山东省特色产业集群。全面激活创新资源，健全梯次培育体系，新增“专精特新小巨人”企业8家、制造业单项冠军企业8家、高新技术企业和创新型中小企业等100余家，山东核电设备制造公司荣获国家科技进步二等奖、山东省科技进步一等奖，山东核电有限公司荣获山东省科技进步一等奖，成功上榜山东省支柱型雁阵集群“头雁”企业名单。

4.营造最优生态，激发创新创造活力

坚持不拼重金拼环境，全力营造近悦远来人才生态。持续推进“人才安居”工程，累计筹集400余套酒店式公寓，建成并投入使用376套航天人才公寓，切实让来海人才“居住无忧”。聚焦人才“衣食住行游购娱”等领域，组建人才服务联盟，先后遴选100余家优质人才服务供应商，推出人才专享服务。落实党委联系服务专家制度，累计将20余名专家人才纳入联系范畴，常态化开展问候、问情、问需、问策工作。常态化开展高层次人才分类，先后为300余名人才颁发烟台优青(才)卡。加强人才荣誉激励，推荐2名高技能人才荣获“全国五一劳动奖章”、东方航天港集团海上火箭发射及回收技术攻坚团队荣获中国青年五四奖章集体荣誉。

七、莱阳市

(一)人才工作概况

近年来,莱阳市认真贯彻习近平总书记关于人才工作的系列重要论述精神,立足新发展阶段、贯彻新发展理念、融入新发展格局,以产才融合发展为主线,全方位培养、引进、用好人才,打造具有梨乡特色人才高地。“十四五”期间,全市引进各类人才11190余名。截至2024年年底,全市自主申报入选烟台市级以上人才工程高层次人才119人,其中,国家级人才4人,国务院特殊津贴专家2人,泰山产业领军人才8人,烟台市“双百计划”人才24人。青年人才队伍建设方面,“十四五”期间,引进博士30人、硕士697人、大学生10463人,累计引进人才11190人。

(二)人才竞争力和人才满意度分析

莱阳市在资源要素方面的基础设施维度上得分较高,“中小学学校数量”“卫生机构数量”等多项指标水平均处于高位。莱阳市在机遇驱动方面同样表现良好,在人才发展环境的塑造上力度极大,其“劳动市场开放度”在全市处于高位,反映出劳动力在地区之间、行业之间、企业之间的流动更加自由、顺畅,市场机制在劳动力资源配置中发挥主导作用,人才对服务期望与实际感知的耦合度较高。

人才满意度方面,莱阳市人才对各方面满意度相对居中,但在组织人才生态满意度方面成绩明显,各类型人才对此均有较高满意度,极大帮助了莱阳市人才队伍建设的整体质量的提高。

(三)主要做法与成效

1.加快人才集聚效应

一是大力培育高端人才。举办绿色食品产业发展论坛、中国花生产业高质量发展研讨会等活动，与2名院士、130余名高端人才柔性合作。全职引进国家级人才2人，实现零突破。二是加快集聚青年人才。在全省率先组建县级预制菜产业发展联盟，“组团”开展“校地企招才引智对接交流会”等活动。举办青年人才就业体验月、驻莱院校校地合作洽谈会等活动，引进青年人才7000余人。三是积极回引在外人才。建立4个在外人才智库，举办在外人才双招双引洽谈会、在杭人才座谈会、梨乡学子家乡行等活动。邮寄《致梨乡赤子的一封信》，落地人才项目12个，吸引2000余名在外学子返乡就业。

2.强化本土人才培育

一是定向联合育才。共建4个产学研联盟、22个实习实训基地，与中国石油大学等3所高校建立校企合作继续教育基地，与12所院校签署校企合作协议，开展“厂中校”“校中企”订单式培养。二是优化学科设置。依托驻莱院校增设农产品贮藏与加工、食品安全与检测技术、物流服务与管理、新能源汽车4个专业，选派6名技术骨干担任“客座讲师”，每年培育产业人才300余人。三是推行自主评价。分产业、分行业举办职业技能大赛，新增高技能人才800余人，新增齐鲁工匠1人。在鲁花、春雪等16家企业开展技能人才自主评价，自主评选高技能人才300余人。

3.加强平台载体建设

一是搭建创新创业平台。建成国家级企业技术中心、国家蔬菜加工专业分中心等创新平台68家。认定省级创新型中小企业5家、省专精特新企业6家，入选省级技术创新项目计划3个。二是搭建成果转化平台。建立张新友花生产业院士试验站，累计研发花生新品种10余个。成立鲁花花生产业技术研究院、预制菜产业研究院和绿色预制菜标准化建设办公室，成功发布30部预制菜团体标准，在全国县级层面排名第一。三是搭建产才对接平台。成立胶东人力资源服务产业园，入驻人力资源机构23家，成功备案烟台市级人力资源产业园。举办第一届中国食品产教融合校企合作研讨会等活动，每年邀请100名以上高层次人才赴莱考察对接。

4.厚植人才生态沃土

一是加强人才政策供给。推行青年人才补贴与人才公寓并行,开展人才政策“进高校、进园区、进企业、进社区”宣讲活动,建立“政策找人、无形认证”工作机制。二是优化人才联系制度。健全领导干部联系服务专家机制,协调解决各类问题200余个。开展高层次人才分类认定,认定高层次人才597人。健全配好人才服务专员,提供子女入学、医疗保健等全方位服务。三是实施人才暖心工程。建成悦望青年人才之家会客厅,举办青年人才联谊等活动,打造人才工作生活新地标。组建高层次人才服务联盟,推出社会化服务100余项,有效提升人才服务质效。

八、栖霞市

(一)人才工作概况

近年来,栖霞市深入贯彻落实省委和市委关于人才工作的重要部署,坚定不移实施人才强市战略,深入推进“智汇果都”人才集聚计划,打造“智汇果都”人才工作品牌,在机制体制强化统筹、人才引育数量突破、“四链”融合助力发展、服务质效优化提升等方面持续发力,实现市级、省级、国家级人才引育新的突破,人才总量和人才平台数量显著提升,“四链”融合助力技术攻关和产业发展成效显著,人才生态持续优化,人才满意度逐步提升。

通过实施系列引才举措,栖霞市人才总量呈稳步上升趋势。2022—2024年,全市引进各类人才数量逐年递增,引进各类人才3000余名。在乡土人才培育方面,培育齐鲁乡村之星等各类人才60余名。其他各类人才引育400余名。高层次人才方面,2023年兴邦新材料于鹏通过山东省第五届“创业齐鲁•共赢未来”高层次人才创业大赛决赛答辩并通过实地考察,荣获泰山产业领军人才称号,实现省泰山系列人才零突破;2024年实验中学费祯红入选2024年度国家高层次人才特殊支持计划(教学名师),系烟台市近两年唯一入选人选、栖霞市首位国家级人才;华屹科创纳米刘峻廷入选烟台市“双百计划”产业领军人才。在引进人才方面,通过“科技副职”“周末专家”等柔性方式引进各类人才40余名。青年人才方面,通过举办各类招聘会、机关事业单位招聘等方式,引进青年人才2000余名,人才队伍年轻化趋势明显。

(二)人才竞争力和人才满意度分析

目前栖霞市在机遇驱动和政府推动方面相对薄弱,人才缺少合适的发展空间,人才发展受限,不利于本地人才竞争力进一步提高。

人才满意度方面,栖霞市各方面的满意度均不高,各类型人才满意度存在较大差异,尤其在知识产权保护方面,技术人才的满意度较低,是需要重点关注的问题。

(三)主要做法与成效

1.创新管理体制,强化人才工作统筹

一是完善领导机制。根据工作需要调整市委人才工作领导小组成员单位,充分发挥领导小组宏观指导、综合协调职能。定期召开市委人才工作领导小组会议、市委常委会专题研究人才工作,明确工作方向,推动工作落实。二是打造工作品牌。推行党委(党组)书记领办人才工作项目,实施“一镇街一品牌,一部门一特色”书记人才项目,近三年确定重点事项90项,持续压实“一把手”抓“第一资源”责任,“大抓人才”氛围浓厚。三是强化政治引领。结合服务企业专员制度,实现领导联系服务专家人才全覆盖,春节前走访专家和博士人才150余人,收集意见建议100余条。对全市高层次人才进行摸底统计,注重在高层次人才中发展党员和“两代表一委员”,挖掘12人。

2.拓宽引才渠道,加大人才引进力度

一是招聘引才。全面摸排企业人才和用工需求,建立急需紧缺人才需求台账,多渠道开展招聘活动。通过现场招聘、学校专项招聘、直播带岗等

方式,吸引人才600余人。二是考录选才。统筹事业单位编制,面向本科及以上公开考选优秀毕业生,招聘90人。公务员事业编招聘700余人。三是回引聚才。出台《域外人才来栖工作暂行办法》,拓宽引才渠道。2022—2024年共回引域外人才18名,吸引在外人才回乡建功立业。

3.聚焦素质提升,推进人才培育工程

教育领域,建立人才引进培养长效机制,引进教学能力强的师资团队、优秀学科带头人及师范类大学毕业生150余人,充实教育领域师资力量,提升教育教学质量,助推入选1名国家教学名师。卫健领域,简化高层次、急需紧缺人才招聘程序,招聘卫健系统专业人才240余人,并对在疫情防控和医疗救治中表现突出的医护人才给予重点支持,壮大医疗卫生专业人才队伍。企业家队伍,实施队伍建设“211”工程,培养造就优秀企业家和企业经营管理人才26人。出台《关于加强企业家队伍建设的意见》,营造良好的服务氛围,促进企业发展,为人才营造创新创业平台。

4.优化人才服务,构建良好人才生态

一是硬件设施建设。建设人才公寓106套,其中独栋建设高品质公寓54套,打造滨湖新城青年人才社区;推进青年人才集聚区建设,打造“智汇果都”青年人才之家,设置5项功能区,为人才提供休闲娱乐空间,目前已举办各类人才活动30余场次。推进松山产业拓展联动基地建设,集多种功能于一体,为人才和企业提供发展平台。二是政策保障与服务提升。实施域外人才回引政策、人才购买商品房优惠政策,扩充“智汇果都”人才服务联盟,实现符合条件人才生活和购房补贴全覆盖,提升人才满意度和归属感。举办各类人才活动60余场次,开展人才政策“四进”活动,人才发展氛围浓厚。

5.推动“四链”融合,促进产才协同发展

一是校地合作创新。与中国农科院、山东农业大学等科研院校合作,成立技术管理团队,打造现代农业高效种植科研示范基地,开展优质种业资源研发。组织企业申报科技人才项目,2024年12家企业申报省、市级科技人才项目15项,鲁电线路项目获得省级财政补助资金998万元,并成立省级示范性实习(实训)基地,推动教育链与产业链融合。二是产教深度融合。依托栖霞职专举办就业指导会，邀请本土企业推介，促进学生与企业交流。推动职专围绕产业链调整专业方向，探索特色办学模式，培养本土优质技能人才。三是平台建设助力。全力推进栖霞苹果产业研究院建设并实体化运行，已完成架构调整、编制规划、用地选址等工作，为苹果产业人才集聚和技术创新提供平台支持。

九、龙口市

（一）人才工作概况

近年来，龙口市坚持人才引领发展的战略地位，树牢“人才是第一资源”理念，全面启动实施“助才成龙”计划，推动教育、科技、产业、人才一体布局，积极探索适合龙口发展特点的人才集聚、产才融合发展路径，致力于打造教育科技人才一体化发展先行区、“四链”融合发展示范区、人才引领县域高质量发展样板区，聚势塑强人才集聚雁阵格局龙口支点，县域综合实力稳居山东省首位，跃升至全国百强县第八位，创造我国北方县级历史最高排名。

龙口市加速推进人才链、教育链、产业链、创新链深度融合，持续加大人才引育力度，全市人才资源总量突破18万人，高层次人才8000余人；拥有烟台市级以上人才381人，其中自主培育国家级、省级领军人才30余人，三次被山东省委、省政府授予“人才工作先进（表现突出）单位”，入选首批山东省人才引领县域高质量发展试点城市、山东省青年人才首选城市。入选首批国家创新型县（市），国家级、省级“单项冠军”“瞪羚”等优质中小企业数量达到346家，拥有省级以上人才科创平台116处，120多家企业与国内重点科研单位、高校院所建立长期合作关系，建有铝合金加工行业全国唯一的国家工程技术研究中心，先后荣获国家科技进步一等奖、国家技术发明二等奖等国家级奖项4项。

（二）人才竞争力和人才满意度分析

龙口市在各方面均无明显短板，其在需求条件方面的科技创新维度表现突出,“知识产权保护力度”得分亮眼,可见其对知识产权和科技驱动非常重视,这对于科技型人才有较强的吸引力,在人才规模维度中的“高层次人才数量”和“R&D人员总量”两项指标上可以得到印证。此外,龙口市在辅助条件方面具备明显优势,其“博士后工作站数量”指标得分最高,用人主体人才管理能力相对其他区市同样较高,可见其积极向用人主体授权,为人才松绑。同时,龙口市在机遇驱动和政府推动方面也具备优势,分值均位居13区市前列。总体来看,龙口市兼具硬实力和软实力,注重高新科技发展,同时有极高的人才管理能力,具备较强的人才竞争能力。

人才满意度方面,龙口市在各方面的满意度相对较均衡,其中党政人才普遍满意度较高,专业技术人才对知识产权保护和组织人才生态的满意度还有待提升。

(三)主要做法与成效

1.构建产才融合发展大格局

一是构建系统完备的政策体系。全域实施“助才成龙”计划,设立以1亿元为基数、上不封顶的人才专项资金,重点实施“领军人才筑峰”“青年人才集聚”“技能人才成长”等十大行动,构建“顶尖人才亿元支持、创业人才千万托举、青年人才百万资助、工匠人才十万奖励”政策体系,贯穿人才集聚全过程、助力人才发展全周期、实现人才链条全覆盖;推动产业布局与人才发展同步规划,围绕服务山东省新旧动能转换标志性工程——“裕龙岛炼化一体化”项目,聚焦人才引育、创新平台、科研攻关、人才服务等领域,研究制定13类针对性政策、举措,服务裕龙石化集聚各类人才5000余人。二是把准产才匹配的融合脉搏。聚焦产业发展方向,连续举办9届产才融合对接大会,累计邀请200余名国家级专家来龙考察对接,为产业发展把脉问诊,达成合作80余项;编绘“英才地图”,举办“桑梓英才家乡行”系列活动,累计邀请550多名桑梓人才回乡考察,吸引50余名领军人才回乡创新创业;建立“政府主导、企业主体、高校主场”产才融合机制,组建“政企联合招聘团”，精准调研企业意向引才高校，组织重点企业开展校园专场招聘；创新“政企联合引育用”计划，开启“共引共育共用”产才融合新模式。三是深化联姻共促的校地合作。支持驻龙高校——烟台南山学院建设高水平应用型大学，与10余个国家40余所高校合作开展人才联合培养，校企共建15个产业学院，高端铝材料、纺织材料等3个产业学院获批省级产业学院；建立校企协作“环岛”机制，选派165名高校学者赴企联合开展科研攻关，选聘31名产业教授到企业发展一线教学，推动校地产才融合水平持续提升。

2.集成人才有效汇聚新模式

一是下好前置引才“先手棋”。推行“国企引、民企用、政府奖”引才新模式，建立“专家人才、核心技术”两张需求清单，依托“助才成龙”计划政策牵引优势，发挥“龙腾人才集团”国企平台先导作用，帮助民营企业引进急需紧缺人才，全职引育烟台市级以上领军人才50人，其中国家级人才10人；引导重点企业委托“双一流”高校合作开设“订单班”“冠名班”，设立专项奖学金，定向培育人才，与中南大学、北京化工大学等近10所高校开展合作，培育人才200余人。二是扩容联合育才“主力军”。组建龙口市化工产业人才培育联盟，30所化工类院校、18家市内重点化工企业实现人才引育“直达互通”；与山东科技大学、山东科技职业学院、烟台职业学院等高校签订校地合作协议，在人才引育创新、联合技术攻关、创新平台建设、成果转移转化等方面全面深化合作，新建成果转化中心、实习实训基地等合作平台16处；建立“成长导师”“产业教授”机制，由领军人才担任成长导师，带领青年科技人才加速成长，全面提高人才培育水平，目前已培育国家级、省级、烟台市级领军人才30余人。三是激活共享用才“强动力”。坚持政府主导，将企业创新共性需求整合为产业发展需要，累计发布企业“卡脖子”关键核心技术需求22项，项目总金额6.27亿元，助力企业突破关键核心技术；组建产业链专家服务团，成功引进浙江大学、哈尔滨工业大学、同济大学、山东大学等高校15名专家教授担任企业“科技副总”，采取项目合作、技术联姻等合作模式，用活用好人才。四是精创协同留才“引凤巢”。加快推进裕龙岛及毗邻区人才集聚区建设，聚力打造“国内领先、世界一流”的世界级生态石化园区；规划建设龙口国际科创人才港，设置科创赋能区、成长培育区、成果转化区、生活休闲区等功能区域;牵手"双一流"高校北京化工大学共建烟台研究院,联手工信部组建赛迪科创成果转化中心,推进华东科创成果转化大数据平台建设,实现政府主导、平台赋能、企业主体协同发力,全方位集聚优秀人才及优质项目入驻发展。

3.营造心服务才满意暖生态

一是抓好人才"关键事"。矩阵式构建"线上互联+线下专员"联动服务体系,优化"专员式、专班制、数字化"服务模式,聚焦高端化工新材料、高端铝材料等重点产业企业,配备服务专员200余人,开展专题培训,助力企业人才引育、科技创新、服务优化;组建6支人才项目基金,总额34.35亿元,为人才创新创业提供坚实的金融保障。二是做好人才"身边事"。借势潍烟高铁通车,开通人才专线,实现半小时抵达机场、高铁、港口,畅通"海陆空"立体交通网;烟台首创"人才龙口服务联盟",累计遴选300余家优质服务供应商为人才提供专属服务510余项;开展人才"礼遇季"系列活动,率先推出免费观影、住宿、畅游"大礼包",优惠力度、覆盖群体在烟台首屈一指;创作《人才龙口》微电影,依托微信、抖音等新媒体,在高校院所等人才集中区域精准投放;打造龙口人才工作动漫IP形象,"龙龙""coco"服务形象深入人心。三是办好人才"心头事"。分区域网格化布局人才公寓,举办安居节,塑强"龙易居"品牌内涵;升级国际学校,提供"K12"全学段双语教育;打造"人才赋能中心",常态化开展青年人才婚恋服务"龙凤计划"、爱国奋斗专题研修等活动80余场,用心用情增强人才获得感、归属感和幸福感。

十、招远市

(一)人才工作概况

招远市坚决贯彻落实习近平总书记关于做好新时代人才工作的重要思想,坚持党管人才原则,深入开展"金都聚才"工程,持续推动人才链、教育链、产业链、创新链"四链"融合发展,聚力打好"引育留"组合拳,全力厚植“近悦远来”人才沃土，在全社会营造优秀人才来得称心、干得舒心、事事顺心的浓厚氛围，为推进中国式现代化金都实践提供有力人才支撑。2022年以来，累计引育烟台市级以上人才工程人选142人，累计新增博士学历人才34人，为全市经济社会高质量发展注入强劲动力。

（二）人才竞争力和人才满意度分析

招远市在基础设施维度上拥有较大优势，多项指标位居13区市前列。在用人主体人才管理能力、政府推动方面均有一定的优势，具有较强的机遇意识和风险意识，较强的“系统驱动”“创新驱动”和“内需驱动”。但在结构要素和辅助条件方面表现略显乏力，高层次人才和R&D人员数量有待提升。

人才满意度方面，招远市的满意度处于相对较高的水平，整体来讲没有明显的短板，各类人才给出的满意度分数相差不大，目前需要重点关注专业技术人才和高技能人才。

（三）主要做法与成效

1.创办“三大活动”，全力打造人才集聚高地

一是深化“金都聚才”活动。连续举办2届“才聚金都•智兴产业”高层次人才高峰论坛，选聘26名专家学者为“招远市干部教育特聘专家”和“招远市招才引智大使”；深入本市重点企业摸排走访，创新重点人才工程申报渠道，近三年共推荐入选国家级人才6名、省级人才7名，申报山东省海外高层次人才工作站1处、山东省国际合作基地1处、山东省博士后创新实践基地1处。二是举办“联姻识才”活动。举办以“招携怀远•才聚金都”为主题的春风行动暨就业援助月专场招聘活动30余场，累计提供就业岗位3万多个；组织市内重点企业赴高校开展“名企名校行”校园招聘活动12次，形成人才聚集“强磁场”；聚焦山东大学、中国海洋大学等17所国内高校，举办“博士招远行”活动2场；举办高层次人才“魅力烟台体验日”活动3场，人才实地参观体验招远传统文化和风土人情。三是开展“桑梓引才”活动。深

入推进人才政策“四进”活动,创新宣传模式,多轮次、多形式宣讲,持续打通人才政策落地“最后一公里”;进一步丰富和完善“金都在外人才信息库”,不断加强与招远籍院士的沟通走访,以乡情亲情为纽带加强与在外人才的密切联系,积极为企业与人才交流合作牵线搭桥。

2.创优“三大环境”,全面营造人才服务生态

一是创优人才服务环境。不断拓展金都人才服务商联盟服务事项,累计推出7大类62个服务项目,为109名高层次人才发放“金都人才礼遇卡”,为20余名人才免费办理公交卡。举办“爱在金都　遇见幸福”青年人才联谊活动20余场,依托金街电子商务产业园倾情打造“招远市人才之家”,依托华盈里社区升级打造“招远市人才社区”,推进人才服务保障持续优化完善。二是创优人才培育环境。加强政校企合作,强化支持烟台黄金职业学院建设,开设黄金采选冶深加工重点产业课程,创新实施地方产业特色“企业新型学徒制”。开设矿山开采与矿物加工、首饰设计与工艺、宝玉石鉴定与加工、艺术设计等特色专业,有效推动高校专业建设对接产业需求、课程内容对接岗位标准,为校地联合培养高质量应用型人才提供有力支撑。三是创优人才保障环境。按照“最优加一点”标准,构建普惠性与个性化、特殊性相结合的人才政策体系,着眼于人才居住、子女入学、看病就医等“关键小事”,消除人才的“后顾之忧”,开展“保姆式”个性化服务导向;完善市级领导结对服务高层次人才机制,定期开展企业人才走访活动;扎实推动人才政策落地落实,真正做到用事业留人、用感情留人、用待遇留人,营造重才爱才惜才扶才的浓厚氛围。

3.创新“三大举措”,全速推进人才引育创新

一是以产业升级吸附人才。探索建立人才链、教育链、产业链、创新链“四链”融合工作机制,结合黄金、轮胎及汽车零部件、机械制造和食品加工等产业需求,建立相应的产业人才库,完善人才需求目录,为企业提供量体裁衣式的人力资源服务。二是以创新平台成就人才。成功申办金软科技山东省博士后创新实践基地,依托现有的国家级创新平台和博士后工作站,通过精细化服务让高端人才安心创新创业;强化市场化引才,积极借力

社会引才平台，全力破解海外高层次人才引进瓶颈。三是以一线实践锤炼人才。选聘一批高校科研院所专家挂任镇街及企业科技职务、考选一批优秀毕业生下派基层锻炼、选拔一批优秀干部开展“政企互挂”的“三个一批”方式布局人才链，进一步畅通人才服务基层通道。

十一、莱州市

（一）人才工作概况

“十四五”以来，莱州市始终坚持党管人才原则，持续巩固人才引领驱动的战略地位，紧扣经济社会高质量发展需求，着眼人才发展全过程、全维度、全领域，创新体制机制，完善政策措施，优化人才环境，全力加快新时代人才强市建设。先后两次调整市委人才工作领导小组成员，研究出台了《关于促进产才融合发展的若干措施》《关于推动人才链、教育链、产业链、创新链“四链”融合发展的实施方案》《关于进一步加快种业人才集聚的若干措施》《莱州市“政企共育”联合育才实施办法（试行）》等一系列综合性政策文件，人才领衔团队获省科技进步奖一等奖2项、二等奖3项，人才工作取得了明显成效。

人才数量稳步增长，截至2024年年底，人才资源总量达到19.4万人，较“十三五”末增加14.1%，高层次人才总量突破1.2万人，有力支撑全市经济社会高质量发展。人才结构实现战略性调整，产业、城乡、区域人才发展更加均衡，集聚一批高层次科技创新人才、高水平产业领军人才、高素质青年人才。到2024年，拥有享受国务院政府特殊津贴人员10名，泰山系列人才11名，齐鲁系列人才、“双百计划”人才等烟台市级以上荣誉称号人才503人。新增具有博士学位的青年人才35名、硕士及以上学历人才804名、大学生14475名、海外留学人才100名。截至2024年年底，拥有国家工程技术研究中心1处、国家企业技术中心1处、博士后科研工作站（创新实践基地）5处、院士工作站1处、省级企业技术中心15家、省级工程研究中心12处、省技术创新中心2处、烟台市级人才平台载体34处。

(二)人才竞争力和人才满意度分析

莱州市在资源要素方面表现较优,其人才规模和基础设施占据优势,反映出本地不同类型、层次人才资源的绝对数量相对充足,相关产业链配套设施发展完善。同时莱州市各类人才数量和结构相对均衡,人才资源的配置科学有效,人才效能较高,人才战略得到有效支撑。但莱州市目前在结构要素和需求条件上都比较乏力,其产业发展还面临不少阻碍,整体而言人才发展基础比较薄弱。

人才满意度方面,莱州市的人才满意度整体处于中等水平,各类人才之间的满意度差距相对较小。党政人才满意度依旧较高,在人才政策方面,专业技术人才的满意度较低,需要重点关注。

(三)主要做法与成效

1.完善载体支撑,以更宽的视野构筑科创资源优势

一是做强特色主导产业。加快建设银海化工产业园、临港临电产业园、绿色建材产业园等9大重点片区,围绕“四新”经济,大力开展产业项目和产业链招商,引进落地技术水平高、拉动作用强的产业项目,为人才集聚提供产业载体。突出抓好“两园”种业人才集聚高地建设,打造以省级现代农业产业园、现代渔业产业园为核心区,玉米种业、水产种业为龙头,苹果苗木、月季花卉、小麦、大白菜等为补充的“2+N”种业人才集聚区。2024年莱州明波水产与中国农业大学、中国海洋大学等合作的国家重点研发计划项目正式启动。2023年金海种业小麦、玉米高产攻关田,年两季亩产达到2088.26公斤,创造了全国周年亩产两吨粮的新纪录;小麦品种“烟农1212”实打验收亩产880.89公斤,创造了山东小麦最高单产纪录;陈松林院士团队在国内首次突破了黄带拟鲹的人工繁育及其苗种规模化生产。二是壮大企业引才主体。实施企业梯次培育行动,推动企业提档升级,累计培育烟台市级以上专精特新、“瞪羚企业”、制造业单项冠军、“小巨人”等企业160家,高新技术企业124家,科技型中小企业232家,持续夯实人才集聚

基础。三是建强科创赋能平台。支持企业深化校企合作，建设产业研究院，组建创新联合体，搭建高能级科技创新平台，设立山东科技大学莱州储能技术研究院、山东农业大学登海玉米产业研究院，培育烟台市级以上创新平台69处，加速打通人才培养链、研发创新链和成果转化链。四是做优双创孵化平台。打造海尔海创汇产业加速平台，构建集技术、产业、人才、金融于一体的全链条赋能体系，探索形成"政策引导＋产业集聚＋平台孵化＋服务保障"的人才引育模式，助力创业项目加速提升，累计落地高层次人才项目28个。五是搭建交流合作平台。紧扣战略性支柱产业和传统产业转型升级，与山东大学、中国海洋大学等30多所战略合作高校，联合举办高新技术产业发展论坛、创新创业大赛、产业人才专场对接等"智汇莱州"引才活动133场，设立研究生实践基地、科技小院等校企合作平台28个。完善莱州籍在外人才信息库，举办莱州籍人才回乡行、莱州籍学子看家乡活动，在北京、上海等地设立人才工作站21处，聘任招才引智大使、校园引才大使47名，精准引导在外人才为家乡引才荐才、牵线搭桥。

2.狠抓引育创新，以高素质人才赋能新质生产力发展

一是聚焦发展需要，广泛"聚"才。坚持需求导向，结合实际编制人才需求目录，采用"线上＋线下"灵活招引模式，发布企业"求贤榜"，鼓励引导人才到莱就业创业。2021年以来，先后有100名海外留学归国人员、804名硕士、14475名大学生到莱就业创业。二是聚焦产才融合，精准"引"才。紧扣战略性支柱产业布局和传统产业转型升级，编制急需紧缺专业人才目录，探索实施"政企共育"联合育才，统筹100个事业编制，面向全国延揽优秀专业人才，派驻企业实践锻炼，帮助企业开展课题研究和项目研发。对标全市高质量发展需求，加大科技创新人才引进力度，重点引进黄金、机械制造、新能源、新材料等方面的人才，为创新驱动发展聚集新动能。先后引进35名博士、251名高层次人才通过合资创办企业、技术入股、顾问指导、短期兼职、项目合作、技术"联姻"等模式，参与企业科技创新。三是聚焦企业需求，精心"育"才。以硬核"培养计划"多层次构建育才体系，为人才成长"铺好路"。实施企业经营管理人才素质提升工程，聘

请北京亚投智库姜赞博士团队对156家企业开展“全过程驻在式”培训指导，围绕36个主题，内训和指导经营管理人才5000多人次。扎实推进高技能人才培育，每年举办职业技能竞赛，推行企业新型学徒制培训，培育建设齐鲁技能大师特色工作站1处、烟台市技师工作站1处，推动83家企业完成技能人才自主评价备案，2600多名技能人才获得登记认证，4165名专业技术人员通过职称评定和资格认证。

3.强化服务扶持，以高品质环境厚植人才成长沃土

一是实施全面务实的人才精准服务供给。制定“英才服务卡”管理办法，延伸精品服务资源，从医疗健康、配偶就业、子女入学、创新创业等7个方面，建立完善人才政策清单、服务清单，用心用情打造“有温度、送服务、享便利”的人才服务。招募高层次人才服务金牌合伙人43家，畅通人才生活保障通道，尽心解决人才重点需求。二是营造开放包容的人才暖心服务氛围。以打造人才认同、共荣共生的城市品格为核心，打造专家型、创业型、服务型、联谊型四类“人才之家”创新创业服务联盟。依托登海种业、明宇重工等龙头企业组建7个专家型创服联盟，分类收集相关产业高层次信息，推动产才对接转化，开展政策宣讲1100多场次，覆盖各类企业1500余家。依托海创汇莱州产业加速平台等组建2个创业型创服联盟，开展创业培训、项目路演、金融服务等创新创业支持活动，协调办理人才贷、科信贷、成果贷等资金2.2亿元。依托公共就业和人才服务中心、人力资源服务机构设立2个服务型创服联盟，开展人才信息发布、政策咨询、生活待遇落实和手续代办等“一站式、保姆式”服务。依托城市青年会客厅、青年驿站等设立5个联谊型创服联盟，举办引才推荐、交友联谊、读书沙龙等人文活动，推动人才友好型城区建设。“人才之家”创服联盟相关工作经验先后在《人民日报》《大众日报》《山东组工信息》等媒体刊发。三是打造专业专注的人才优秀服务团队。坚持“一把手”抓“第一资源”，完善党委联系服务专家工作机制，拓宽联系服务高层次人才覆盖面，增强人才的归属感和荣誉感。深化服务专员制度，抓好人才服务专员队伍建设，提升服务能力，落实专员与人才“一对一”精准服务。实施镇街区“书记人才项目”和市人才工作领导小组“成员项目”，实行清单化管理、项目化推

进，着力推动人才工作创新发展。领导小组及办公室定期召开人才工作专题会议，研究部署人才工作重大问题。举办“双招双引”系列专题培训，聚力提升人才工作者专业能力、专业素养。

十二、黄渤海新区

（一）人才工作概况

“十四五”期间，黄渤海新区深入贯彻落实党的二十大和二十届三中全会精神，坚定不移实施人才引领发展战略，形成党委统一领导，组织部门牵头抓总，有关部门各司其职、密切配合，用人单位发挥主体作用，社会力量广泛参与的党管人才工作格局，实现战略重点人才量质齐升，高能级平台增容扩围，创新创业生态焕新升级，区域人才中心和创新高地加速崛起。

全区人才资源总量超过23万，其中硕士及以上高端人才2万名以上；累计合作院士等顶尖人才32人，引育国家级人才190人、省级人才150人、烟台市“双百计划”和产业领军人才107人；万华化学“高端聚氨酯原料ADI全产业链技术攻关团队”入选国家首批卓越工程师团队，为全省唯一；2名人才分别荣获第二届“齐鲁杰出人才奖”和“齐鲁杰出人才提名奖”，1名人才荣获2023年度山东省科学技术最高奖。

（二）人才竞争力和人才满意度分析

资源要素方面，黄渤海新区在人才规模维度上有明显优势，在人口总量优势不明显的情况下，其“高层次人才数量”“R&D人员总量”和“就业人口总量”三项指标均居于全市前列，这在人才结构维度上有一致表现，其整体人才密度和就业水平较高，具备一定的规模效应。需求条件方面，其产业发展维度表现较好，用人主体数量充足，平均劳动者报酬较高，人均地区生产总值位居13区市第一，经济发展水平较高。总的来说，黄渤海新区具备较强的人才竞争力，在人才、产业等方面具备一定优势，但其人才资源的价值尚未得到充分发挥，需要政府加强政策协同和用人主体继续提高管理水平。

人才满意度方面,黄渤海新区整体存在满意度水平差异较大的问题,企业经营管理人才和社会工作人才的满意度较低,而农村实用人才在各方面的满意度均显著高于其他区市。黄渤海新区吸引了大量高端人才和青年人才,这些人才对于所处的生态环境往往有较高的多样化需求,需要得到额外的关注。

(三)主要做法与成效

1.实施党管人才筑基行动

一是深化党管人才责任落实。实施人才强区战略,设立人才工作议事协调机构,党工委主要领导亲自研究部署,组织部部长靠上推动,实现人才工作高位谋划、顶格推进。实施部门单位“人才赋能”项目清单,并将其作为人才工作考核重要内容,引导各部门党组织强化人才工作意识,以项目化方式推进党管人才工作落地落实。二是加强人才政治引领。将市级以上领军人才全部纳入党委联系专家服务对象,领导干部带头每年至少集中走访2次,常态化保持与150余名驻区专家人才的工作联系、思想交流并提供生活服务。三是创新人才工作机制。组建业达国际人才集团,重点发挥人才服务、人才创业、人才投资、人才安居和人才教育作用,打造“业达服务”“业达才寓”“业达科创”等人才服务国企品牌,累计服务人才3000余人次。与国投烟台基地等第三方专业服务机构合作,依托“海创人才”优势资源,连续举办6届“新动能”产才交流大会,引进50余名国家级领军人才,促成30余个人才科技项目落地,为全区创新发展注入新动能。成立业达人才发展联盟、山东省高层次人才发展促进会烟台开发区代表处,扩大人才朋友圈和服务圈。成立全省首家区级人力资源服务业协会,建设启用国际人才港暨国家级人力资源服务产业园,吸引中智、劳达等40家行业百强集中落户,服务各类人才50余万人次。

2.实施人才资源集聚行动

一是加快顶尖人才和领军人才集聚。坚持实施全员招才引智,组织发动全区部门单位开展“项目＋人才”一体化引进，近3年累计柔性引进海内外院士和国家级领军人才102人。支持引导企业积极申报国家重点人才工程、省泰山人才工程和烟台市“双百计划”，近3年自主培育国家级人才16人；培育省级泰山人才56人，占全市的40％。聚焦全区“5＋2”主导产业，累计培育取得先进创新成果、拥有自主知识产权、产业化前景广阔的创新创业领军团队48个、科技领军人才82名。二是强化海外人才专项引进。发挥烟台留学人员创业园等海归创业人才载体的引才优势，持续加大外国专家引进服务力度，推动实现外籍人才工作、居留许可“一站办理”，落地日韩签证中心等，年均引进外国专家和海外留学人员280人，累计引进1800余人。三是深化青年人才招引。常态化组织开展“百企进百校”“名企名校行”等青年人才专属就业服务活动，实施“情聚业达•青春无忧”青年人才集聚工程，设置“青年人才驿站”和“就业服务小站”，近3年累计引进青年人才3.24万余人。四是加速技能人才培育。细化企业新型学徒制培训和“金蓝领”项目培训，打造职业技能竞赛新模式，近3年新增高技能人才4500余人。

3.实施人才载体提质行动

一是打造科创空间体系。高标准建设环磁山国际科研走廊，北大—万华联合研究中心挂牌成立，环磁山国际科研走廊创新园圃建成投用；高层次打造黄渤海新区科教创新区，黄渤海实验室在全省10个省实验室中率先投入运营，亚欧现代海洋产业技术及装备研究院、山东产业技术研究院（烟台）加速建设，烟台科技学院等2所院校投用，全区在校培养人才达1.5万人。二是做大科创企业方阵。建立科技创新企业培育遴选机制，省级以上专精特新企业突破350家，高新技术企业突破850家，备案科技型中小企业1400余家，高技术产业产值占比达到30％以上。三是完善科创平台布局。深化“科创平台六大体系”建设，国家微纳制造业创新中心成功获批，成为全市首家、全省第三家国家级制造业创新中心；烟台光电显示材料研发测试公共服务平台启动运营，填补国内空白；中日韩创新合作中心加快落地。组建科技创新生态联盟，探索打造中小企业技术快响中心，联合开展基础和关键核心技术攻关。按照“转化—孵化—产业化”链条，更新改造业达慧谷留学生创业园，做强科创离岸基地，培育打造标杆孵化器。

4.实施人才生态培优行动

一是完善人才政策体系。升级留学人员创业扶持办法，给予创业人员50万元至150万元的创业启动资金扶持；出台集聚青年人才来区就业创业“十条措施”，构建起贯穿青年人才引进、培养、激励、服务全链条。二是打造最优服务环境。推出“人才业达”云服务平台，人才“足不出户”即可享受89项专属服务，“人才业达”云服务做法入选山东自贸试验区首批创新案例并在全省推广。将人才子女自主择校服务权益进一步扩大到博士，解决人才后顾之忧。创新推出高端人才车辆租赁项目，惠及40位高层次人才。按照人才层次，分类推出“业达人才码/青才卡/阖亲卡”，涵盖20类近500项“吃住游娱购”服务，服务人才数量近万人。三是营造浓厚的爱才敬才氛围。大力弘扬科学家精神、企业家精神、工匠精神，连续三届评选表彰17名“业达杰出人才”、25名“优秀人才工作者”，累计评选“业达工匠”54名，广泛营造尊重人才、崇尚创新、鼓励创业的浓厚氛围。

十三、高新区

(一)人才工作概况

近年来，高新区深入学习贯彻习近平总书记关于做好新时代人才工作的重要思想，积极落实中央、省委、市委人才工作会议精神，紧密围绕人才引领型高新区建设，以产业为核心、以平台为支撑、以服务为基础，全面加强产业急需紧缺人才、高层次创新创业人才、青年储备人才引育，人才集聚度、活跃度、贡献度持续提升，人才工作连续3年在全省开发区综合发展水平评价中并列全省第一。

烟台高新区是国家级高新技术产业开发区、首批中国亚太经济合作组织科技工业园区、全国首家中俄高新技术产业化合作示范基地，是山东半岛国家自主创新示范区、中韩(烟台)产业园、山东国际招商产业园核心载体之一。目前，全区集聚各类人才约4.3万人，主要集中于医药健康、航空航天、智能制造等3大产业领域。近3年累计自主培养市级及以上高层次人才47人，其中国家级人才3人、省级人才17人、市级人才27人，引育青年人才超6000人，其中博士105人、海外留学归国人员107人、副高及以上职称341人、高技能人才900余人。

（二）人才竞争力和人才满意度分析

高新区在需求条件方面具备明显优势，尤其是科技创新维度，其“万人发明专利拥有量”和“规模以上工业研发强度”得分引人瞩目，拥有较高的研发活动资金支持力度和科研产出质量及市场应用水平，具备较为强劲的科技创新能力。尽管人才规模较小，但其人才结构呈现出相对均衡的分布状态，“高层次人才强度”和“每万人R&D人员数量”得分较高。此外，高新区的结构要素、机遇驱动和政府推动三方面均表现优秀，重视教育投入，市场化配置和政策协同均较为有力。总体而言，高新区具备较高的人才竞争力，在外部环境的塑造上更具优势。

人才满意度方面，高新区整体存在满意度水平不平衡的问题。其中，农村实用人才对各方面满意度较高，其他类人才打分相对一致，基本处于全市平均水平以上。

（三）主要做法与成效

1.实施产才融合提升行动，打好招才引智“主动仗”

一是探索推行产业、人才“双链长制”。充分发挥产业链龙头企业人才集聚优势，按照“专人专业专班”模式，与绿叶制药、航天513所等链主企业合署办公、实体运行、链条招商，实现招商引资与招才引智同频共振、互进互促，先后引进生物医药产业链项目20余个、航空航天产业链项目13个，总投资约72亿元，联动引育产业人才500余人。二是加快推进重点项目建设。全力推动IVD医疗器械产业园、空天信息港、工业设计小镇等重点项目建设，不断夯实产业人才引育基础。目前，总投资25亿元的IVD医疗器械产业园已成功招引包括省泰山产业创业人才企业至公生物等在内的医疗器械企业25家，全面建成运营后，预计实现产值超100亿元，汇聚医药健康领域人才上千名。三是持续增强外商招引力度。用足用好中韩产业园、国际招商产业园等对外开放载体，不断加大对日韩“双招双引”力度，发挥艾多美跨国公司总部龙头带动作用，先后引进上下游产业链配套企业8家、关联项目11个，全区韩资企业达到40家，是中韩产业园成立前的6倍，新增日、韩、俄等海外人才近百人。

2.实施载体平台创建行动，构筑引才聚才“强磁场”

一是加快建设高能级创新平台。建成先进药物递释系统全国重点实验室、山东省航空航天装备高性能特种合金智造与应用重点实验室、山东省微纳卫星技术创新中心、山东省海洋工程装备及材料创新创业共同体等省级以上创新平台70家，国家级科技企业孵化器5家，博士后工作站(基地)7家，全区人才承载能力得到持续提升。二是培育壮大创新型企业。目前全区累计培育国家专精特新“小巨人”企业7家、省专精特新企业82家、省瞪羚企业25家、高新技术企业272家，自主培育汉鑫科技、博安生物等2家上市公司，东方蓝天钛金国产大飞机配套项目获得国家超长期特别国债支持，企业对高层次科技人才的吸引力不断提升。三是搭建多元化人才引育渠道。精心组织世界工业设计大会、中日韩工程技术大会生物医药分会等产才融合活动20余场，吸引千余位人才来区对接洽谈。进一步强化“北京中关村•烟台协同创新中心”“首尔烟台高新区—韩国海外孵化器”等“人才飞地”建设，聚焦北美、欧洲、日韩，积极探索“全球招引＋海外孵化＋烟台产业化”合作模式，加快推进“国际技术转移中心＋海外引才工作站＋国际高端猎头”总体布局，持续汇聚全球创新资源，累计引进培育市级以上海外高层次人才7人。

3.实施人才服务优化行动，壮大留才惠才“梧桐树”

一是持续加强政策引领。出台《烟台高新区强化科技创新支撑促进高质量发展若干措施》《烟台高新区新就业青年人才三年免房租住房保障办法》等人才科技政策，实现入职就业住人才公寓，买房购房有大额补贴，博士后科研有经费保障，创新创业有贷款贴息，生活娱乐享优惠减免，实现从专科到博士、从实习到在职，从市级到国家级，各阶段、各领域、各层次人才全覆盖。二是不断完善人才发展生态。加快推进“蓝色智谷”人才社区建设，以“创业一号”为基点，围绕产业链、配齐公寓链、集成服务链、拉长科创链，将孵化加速、技术研发、产业化空间、配套服务串珠成链，打造15分钟人才服务圈，为广大人才提供“吃住行、游娱购、医学养”等领域37项个性化服务，切实提升人才获得感。三是强化人才联谊联系。持续开展“爱才助企”专项行动，以党委书记人才项目为引领，由“一把手”带队定期走访蓝天钛金、艾多美（中国）、中集海工院等重点人才企业，协调银行为至公生物、经世智能发放“人才贷”1000万元，助力人才企业快速成长。成功推荐烟台至公生物获评2023年度“最具成长潜力的留学人员创业企业”，为全省唯一入选单位。帮助20余位高层次人才解决子女入学、永居签证、融资贷款、征地建厂等“急难愁盼”问题，得到人才一致好评。

第七章　烟台市人才发展存在的问题与优化建议

一、烟台市人才发展存在的问题

本研究以竞争优势理论为框架，构建人才竞争力评价指标体系，运用烟台市一手数据和二手数据对这一指标体系的科学性及合理性进行了验证，同时也发现烟台市在人才发展中存在的一些问题。具体而言，包括以下几个方面：

(1)人才规模指数评价结果显示，烟台市人才规模分布存在一定的不均衡现象，黄渤海新区在人才规模方面占据显著优势，集聚了大量的高层次人才和R&D人才，而其他区市人才规模竞争力相对较弱。人才竞争力基础设施指数评价结果显示，烟台市13区市在医疗卫生、文化教育等方面的水平相对均衡，基础设施建设尚需持续加快推进。

(2)产业发展指数评价结果显示，烟台市各区市的产业发展水平较好，但均存在进一步优化和提升的空间。人才竞争力科技创新指数评价结果显示，除了黄渤海新区、高新区和龙口市的科技创新能力相对较强，烟台市其他区市均需要继续探索科技与教育、人才统筹发展的思路。

(3)产业结构指数评价结果显示，烟台市13区市产业结构整体较为均衡，部分区市的能源节约和消费结构需要进一步优化。人才竞争力人才结构指数评价结果显示，烟台市各区市人才分布集中在头部区域，仅有黄渤海新区、高新区等地占据相对优势，其他区市相对处于弱势，在高层次人才引育方面都亟待加强。

(4)人才供给指数评价结果显示，烟台市各区市人才供给能力存在一定差距，福山区、龙口市、高新区在博士后工作站数量、教育支出占GDP比重等方面表现突出，在人才供给方面具备一定优势，而其他区市在高等教育投入等方面均有较大提升空间。人才竞争力用人主体人才管理能力指数评价结果显示，烟台市各区市用人单位的人才管理能力差距较大，从问卷结果可知，龙口市、莱阳市等区市的人才认为本区市用人主体人才管理能力较强，而福山区和芝罘区的用人主体在人力资源管理实践及组织人才生态方面被认为处于弱势，一定程度上阻碍了本区市人才竞争力的提升。

(5)市场化配置指数评价结果显示，各区市人才对本区市的人才市场环境看法不尽相同，大部分区市在人才的创新创业实践体验、人力资源市场规范化水平、劳动市场开放度方面还需要进一步提升，需根据引育人才的需求提供更贴合本地人才心理预期的服务。

(6)政策协同指数评价结果显示，烟台市各区市政策协同水平差异较大，部分区市在高层次人才、高教育水平人才数量占优的基础上，其人才政策满意度、人才政策吸引度和激励度未能达到平均水平。这些区市尤其需要加强政策与人才需求的无缝对接，做到留人方案“量体裁衣”，提供充足的物质和精神奖励，从而更好地吸引和留住人才。

(7)烟台市三类地区人才竞争力比较分析结果显示，县级市整体在人才结构、产业结构、产业发展等方面处于相对劣势，区整体在用人主体人才管理能力、人才结构等方面处于相对劣势，区和县级市的综合协同指数偏弱且为负向协同，尤其是各区人才竞争力转化为区域留人能力面临极大挑战。在区域发展一体化方面，烟台市需要更加主动地对接山东省和胶东经济圈的战略机遇，统筹资源，实现资源均衡分配。

(8)不同类型人才满意度分析结果显示，烟台市整体高技能人才的满意度相对较低，尤其是对中小学教育质量、知识产权保护力度、人力资源管理实践等方面的满意度较低，因此如何提高这一类型人才的满意度是未来烟台市各区市人才工作的重点。

二、烟台市人才发展优化建议

(一)坚持党管人才,构建全域协同聚才新格局

党管人才是人才制度的政治优势,是加速形成人才优先发展战略布局和推进优秀人才集聚的重要手段。一是把人才引进作为“一号工程”来抓,充分发挥党对人才的牵头抓总作用,加强部门协同联动,强化行业系统贯通,形成人才引领发展、发展集聚人才的良性循环大好局面。二是实施党委书记人才工作项目,有效促进党管人才原则落实,推动形成组织部门牵头抓总,各职能部门各司其职、密切配合,社会力量广泛参与的人才工作格局。三是加强人才综合服务体系建设,用好用活烟台市出台的专项政策和专项资金管理等办法,出台配套专项扶持政策,为产业发展、项目引进、英才集聚等提供强力支持。

(二)精准对接产业需求,打造产才融合发展新高地

人才是创新的引擎,产业是创新的基底。推动创新驱动发展,关键要做好产才融合文章,产业发展与人才集聚是密切关联、相辅相成的关系,需要协同联动、一体推进。由此,提出以下建议:一是进一步明晰烟台市重点产业人才需求目录,建立重点产业人才大数据库,结合烟台产业发展特色与需求、企业特质与需求、人才特质与需求等,精准对接供需双方,帮助企业“点对点”高效引才。二是以精准的引育人才推动产才融合发展,必须着眼产业发展所需全线发力,集聚“关键少数”、壮大“中坚力量”、夯实“人才塔基”,着力打造完备人才梯队,促进人才链与产业链高位融合、深度聚合、精准耦合,为推动产业高质量发展注入鲜活且持久的力量。三是处理好“人才引育”和“人才红利”的关系,深度实施产才融合战略,结合全市高端化工、先进制造等产业需求,引导企业围绕产业转型发展,开展订单式、精准化人才引育,形成产业升级与人才涌现的良性互动。

（三）增强平台载体综合承载力，激活高层次人才集聚新动能

高水平实验室、一流科研机构、领航型企业是集聚人才的重要平台载体，也是提高科技创新能力的重要保障。烟台市大力实施高端平台支撑行动，人才平台载体数量和能级不断提升，但是高能级平台数量较少，且现有平台受限于规模、软硬件环境等，承载力有限，对高层次人才吸引力不足。由此，提出以下建议：一是聚焦平台载体建设，统筹推进中日韩创新合作中心、东方航天港研究院、北京大学—万华化学联合研究中心、北京化工大学烟台研究院等创新创业平台建设，引导重点企业组建工程研究中心和企业研究院、企业技术中心等高水平研发机构，集聚高水平产业创新人才团队。二是强化企业的科技创新主体地位，赋予烟台市重点产业的科技领军企业在重大科技创新项目、重大科技创新平台建设方面更多的权力，支持领军企业参与重大科技决策、重大项目顶层设计，引导科技领军企业牵头或参与国家实验室、国家技术创新中心等高水平创新平台建设。鼓励科技领军企业牵头和带领高校、科研院所，以及产业链上的科技型中小微企业从事重大科学项目研究，构建由企业主导的面向关键核心技术攻关的产学研深度合作创新联合体。三是有序推动人才集聚节点重要支撑建设，规划布局人才创新平台，加快推进先进药物递释系统全国重点实验室、高性能有机光学聚合物与先进制造技术全国重点实验室、国家级微纳制造创新中心，以及先进材料与绿色制造山东省实验室、新药创制山东省实验室等省级以上科创平台发展壮大，形成“实验室＋科研院所＋新型研发机构＋领航型企业”的载体矩阵，发挥产业集聚优势，推进重大科技基础设施集群建设，打造高能级科技创新平台，形成高水平人才集聚高地。

（四）立足区市特色精准施策，强化协同共享，提升政策精准度与实效性

通过对烟台市13区市人才竞争力分析，可以看出不同区市要素优劣势各有差异。因此，在制定人才政策的过程中，应充分考虑烟台市不同区市

的要素特征、产业分布以及对不同类型人才的实际需求,制定符合地方发展优势的人才政策,增强差异性和效益。比如,黄渤海新区、龙口市等制造业较强区市可以结合区域经济发展实际为科技人才发挥作用搭建平台;高新区、海阳市等高科技产业发达区市可重点引育产业领军人才,集中省内外高校优势资源,共建科创平台、就业创业基地,构建人才双向培养机制。同时,考虑到不同区市各有优劣势,在制定人才政策时可以加强区市间的协同联动,优势互补,合力开展招才引智工作,共用资源,共享人才。比如,部分区市的基础设施比较薄弱,其人才子女入学、医疗保健等民生服务可以考虑协调周边基础设施较为完备的区市,相应地,该区市可以在自己的优势领域为对方提供帮助。

(五)全方位优化人才生态,赋能创新创业活力,筑牢人才集聚根基

人才生态是持久竞争力,一流的人才生态是吸引、留住、用好人才的关键。烟台市大力实施人才生态优化行动,人才生态环境持续改善,但与国内其他先进地区相比还有一定提升空间。由此,提出以下建议:一是加大对人才政策的宣传力度,及时更新全市重点人才政策清单,通过召开专题新闻发布会及借助网络、报纸、微信公众号等平台,以文字、视频等形式,对烟台市人才政策进行深入解读,提高政策的曝光率和知晓率,提升烟台市人才政策的宣传效益。二是积极引导企业为人才提供具有竞争力的薪酬待遇,持续优化服务环境,为人才提供工作生活、创新创业全方位、全链条的服务保障体系,强化人才服务数字支撑,打造数字一体化平台,推行人才政策、人才服务、人才诉求网上办理。三是加强基础设施建设,提升人才发展软环境,依托科技文化主题教育基地,增添人才元素,持续筹建人才公寓,常态化开展人才联谊联系,营造尊重知识、尊重人才的浓厚氛围,定期组织体验日、红色主题教育等活动,提供更多个性化服务。四是构建国际创新创业生态系统,要在吸引海外国际化人才方面迈出更大步伐,努力探索海外人才引进来、留得住、用得好的超常规措施,打造接轨国际通行规则的高端机构、平台,推动跨国产业精英的无障碍居住、社区融入与国际流动。

案例研究篇

实施战略人才支撑五大行动
探索人才引领万亿级城市高质量发展的烟台路径

一、背景动因

习近平总书记指出:“战略人才站在国际科技前沿、引领科技自主创新、承担国家战略科技任务,是支撑我国高水平科技自立自强的重要力量,要把建设战略人才力量作为重中之重来抓。”作为我国北方地区首个GDP过万亿元的地级城市,烟台市以奋进万亿新征程为起点,正在全力打造环渤海地区中心城市和绿色低碳高质量发展示范城市,比以往任何时候都更加渴望人才、需要人才。为此,烟台市深入贯彻落实习近平总书记关于做好新时代人才工作的重要思想,聚焦重点产业、重点行业和重点领域人才需求,统筹实施顶尖人才领航、领军人才筑峰、国际人才吸纳、青年人才集聚、技能人才攀登战略人才支撑“五大行动”,加快打造具有烟台特色的区域人才中心和创新高地,努力探索人才引领万亿级城市高质量发展的烟台路径。

二、主要做法及成就

(一)实施“顶尖人才领航行动”,提升万亿级城市前沿引领力。立足高水平科技自立自强,以“两院”院士等为引进重点,全力打造顶尖人才集聚高地。一是个性化定制扶持政策。赋予16条产业链头部企业“一事一议”引进顶尖人才政策定制权,企业可在1亿元综合资助限额内自主“定制”扶持政策,先后引进“一事一议”顶尖人才5人。二是整建制引进院士团队。推行院士团队人才、平台、项目一体化引进,与武汉大学共建东方航天港研究院,整体引进国家科技最高奖获得者——李德仁院士团队“东方慧眼”星座项目,助力打造国内最大的商业航天海上发射母港。三是常态化对接顶尖人才。市领导带队常态化走访慰问29名烟台籍院士,累计邀请院士及团队成员返乡考察30余次,1名院士与烟台市合作培育出栉孔扇贝新品种——“蓬莱红”,2名院士在烟台设立院士工作站。

(二)实施“领军人才筑峰行动”,提升万亿级城市创新驱动力。立足培强传统优势产业和壮大战略新兴产业,以科技领军人才和创新团队等为引进重点,全力打造领军人才科创高地。一是针对重点产业实施“双百计划”。分全职创新、兼职创新、创业企业、创业项目等8类,每年遴选100名领军人才和200名拔尖人才进行扶持。全市累计自主培育国家级人才245人、省泰山人才473人,数量均居全省前列。二是针对重大项目推行“一企一策”。针对山东省“一号工程”裕龙岛炼化一体化项目一期投产急需大量人才的现状,专门出台《关于支持裕龙岛打造高端化工人才集聚区的若干措施》,协助引进专业技术人才4800余名。三是针对重点企业实施“优聘计划”。对重点企业自主招聘无法引进的急需紧缺人才,探索“政府背书、政策赋能、政企联动、精准引才”新路径,先后对接洽谈33人,帮助重点企业引进高端研发人才20人。四是针对中小企业实施“共引计划”。发挥先进材料与绿色制造省实验室和新药创制省实验室聚才优势,力争用三年时间引进100名共引共用博士,人事关系放在省实验室,全职安排到中小企业工作。

(三)实施“国际人才吸纳行动”,提升万亿级城市国际助推力。发挥烟台作为全省最大侨乡的资源优势,以外国专家和海外留学生等为引进重点,全力打造国际人才荟萃高地。一是依托品牌赛事精准引才。连续举办九届中国•烟台海内外精英创业大赛,并在欧美、日韩、新澳设立海外赛区,累计吸引30多个国家(地区)2800余个高层次人才创业项目参赛,200余个优质项目落地孵化。二是依托离岸基地就地引才。出台《烟台市“人才飞地”建设管理办法》,支持企业设立海外研发中心,就地揽才。全市28家企业设立“国际人才飞地”31处，就地集聚国际人才470余名。三是依托国际平台定向引才。争取中日韩创新合作中心落户烟台，打造国内唯一面向日韩的国际科创合作示范区，年可推动转化中日韩产学研合作项目300项以上。

(四)实施“青年人才集聚行动”，提升万亿级城市青春新活力。锚定建设青年发展友好型城市，以大专及以上高校毕业生为引进重点，全力打造青年人才就业高地。一是打造更具竞争力的政策体系。在省内率先实现从博士到大专普惠性补贴全覆盖，中央、省属驻烟单位人才同城化待遇全覆盖，2024年再次升级青年人才政策，累计发放青年人才补贴超过20亿元。二是打造更具吸引力的招引体系。建立人才需求快速响应机制，每年组织重点企业集中开展“名企名校行”“千企万岗进校园”等招聘活动。近3年，共引进1700名博士、18817名硕士、近20万名大学生。三是打造更具亲和力的服务体系。在省内率先开通“一站式”网上服务平台，实现市、县两级人才补贴发放和人才公寓租赁一网通办、全程网办。在全市206个服务窗口开辟人才绿色通道，配备710余名服务专员，构建起就业创业“一件事一次办”政务服务体系。

(五)实施“技能人才攀登行动”，提升万亿级城市基础原动力。发挥烟台制造业基础雄厚、产业体系完备优势，以大国工匠、卓越工程师和产业技术工人为引进重点，全力打造技能人才培育高地。一是构建“全工种”政策扶持体系。出台《加强新时代烟台市高技能人才队伍建设的实施意见》，在省内率先构建起覆盖“初级工、中级工、高级工、技师、高级技师、特级技师、首席技师”的普惠性补贴政策体系。二是构建“实战式”技能培训体系。在全省率先成立“烟台工匠学院”和“工匠孵化联盟”，建成哈尔滨工程大学国家卓越工程师学院山东工程师技术中心(全省首家)，推动设立“万华产业学院”等产业学院24个，组建产教联盟、公共实训基地14个。烟台成为全省唯一连续7年培育出“齐鲁大工匠”的地市，万华化学入选国家卓越工程师团队(全省唯一入选)。三是构建“广覆盖”技能竞赛体系。面向40个行业107个工种，每年开展“十万精英大比武”系列竞赛活动，推动“跨产业”“跨企业”“跨工种”组建协同创新工作室2400余家，全市高技能人才超过30万人。

三、经验启示

(一)要构建“山至高处人为峰”现代产业体系,为人才搭建广阔的事业舞台。近年来,烟台市聚焦制造业强市建设,深入实施“9+N”制造业集聚培育工程,打造形成了绿色石化等2个2000亿级,高端装备、电子信息等4个千亿级,生物医药、航空航天等3个百亿级产业集群,为人才源源不断地提供优质就业岗位和事业舞台,较好形成了“以产聚才、以才兴产、产才融合”发展格局。实践证明,产业兴则人才兴,只有抓住产业发展这个“牛鼻子”,加快构建现代产业体系,为人才提供干事创业的广阔舞台,才能实现人尽其才、才尽其用。

(二)要构建“万马奔腾竞自由”创新创业体系,为人才提供有力的政策支持。近年来,烟台市先后三轮大幅度升级人才政策,2024年推出“双百计划”3.0版、青年人才政策3.0版、“技能人才新政14条”等一系列人才新政,全面构建起“顶尖人才亿元支持、领军人才百万配套、青年人才十万资助、技能人才万元补贴”政策体系,较好形成了政策虹吸效应。实践证明,吸引汇聚人才,关键是要持续塑强人才创新创业扶持体系,为人才脱颖而出营造更加积极、更加开放、更加有效的政策环境。

(三)要构建“吾心安处是故乡”暖心服务体系,为人才打造优越的发展生态。近年来,烟台市立足打造“国内一流、省内领先”人才发展生态,围绕“乐居、乐业、乐创、乐享”,积极推动人才服务标准化、精细化、智能化建设,为人才提供创新创业全要素供给,较好实现了“烟台因人才更精彩,人才因烟台更出彩”。实践证明,人才竞争的核心是生态环境的竞争,只有不断提升服务保障水平,全方位满足人才创新创业需求,才能真正实现人才引得进、留得下、用得好。

实施青年人才“百千万”集聚计划
打造青年发展友好型城市烟台样板

一、背景动因

拥有一大批创新型青年人才，既是国家创新活力之所在，也是科技发展希望之所在。烟台市锚定青年发展友好型城市建设目标，从2021年开始启动实施青年人才“百千万”集聚计划，聚焦重点产业、重点行业和重大项目人才需求，通过构建组织保障、政策扶持、协同招引、服务保障“四大”体系，加快吸引集聚以大专以上学历高校毕业生为主的青年人才来烟就业创业，力争用3年时间引进20万名大学生，平均每年至少引进400名博士、5000名硕士、6万名大学生，让青年人才“近悦远来”成为烟台的鲜明标识。近3年，共引进1700名博士、18817名硕士、近20万名大学生。烟台市连续3年入选“中国‘95后’人才吸引力50强城市”，芝罘区、福山区、海阳市入选“全省青年发展友好型县域试点城市”，龙口市、蓬莱区、海阳市入选“青年人才首选山东20强城市（20大潜力城市）”。

二、主要做法及成就

（一）构建全链条青年人才组织领导体系。把青年人才招引作为“一号工程”，举全市之力强势推进。一是强化工作统筹。专门将实施青年人才“百千万”集聚计划写入市十四次党代会报告和市十八届人大一次会议政府工作报告；专门印发《烟台市青年人才“百千万”集聚计划实施方案》，明确56项具体任务。二是强化力量统筹。整合部门力量,将团市委等与青年人才工作密切相关的部门,纳入人才工作领导小组成员单位;借势高校力量,先后在14所驻烟高校和25所“双一流”高校设立招才引智工作站,聘请88名校园招才引智大使;激发市场力量,推出企业引才和中介荐才奖励措施,引才成效显著的分别给予最高600万元、500万元奖励。三是强化考核统筹。专门制定青年人才区市发展指数、市直部门贡献指数、驻烟高校毕业生留烟贡献指数“三大”评价体系,设置人才集聚度、岗位供给度、求职活跃度、服务满意度等4个一级指标、65个二级指标,全面、科学、系统评判青年人才工作成效,落实区市、部门、高校三方招引责任。

(二)构建广覆盖青年人才政策扶持体系。按照“最优加一点”要求,全面强化政策硬核支撑。一是提升政策“含金量”。在省内率先将生活补贴和购房补贴范围从“双一流”本科扩大至所有高校本科,从市属单位扩大至所有中央、省属驻地单位。二是提升政策“便享度”。在省内率先开通人才补贴“一站式”网上申领平台,实现市、县两级人才补贴一网通办、全程网办,政策找人、无形认证,补贴资金直接发放到个人银行账户,真正实现“零见面”“零填表”“零跑腿”。三是提升政策“知晓度”。开发人才政策电子词典,只要输入个人相关信息,即可实现一键精准查询,累计有9.5万人次查询。市、县联动开展“人才政策进高校、进企业、进机关、进院所”活动2532场次,覆盖3217家用人单位。

(三)构建立体化青年人才协同招引体系。面向高校系、平台系、活动系三个维度,构建招引新矩阵。一是聚焦高校系。针对市外高校,开展“名企名校行”活动,由6名市级领导带队,组织2000多家企事业单位,分6条线路赴65所高校集中揽才。针对驻烟高校,开展“千企万岗进校园”活动,组织3000多家企事业单位,面向19所驻烟高校提供2.4万个就业岗位。针对海外高校,开展“海聚山东•慧聚烟台”专项招引行动,与全韩中国学人学者联谊会等15家海外社团建立合作关系,面向海外留学生推荐2000多个优质岗位。针对“双一流”高校,定向实施青年干部人才“菁英计划”,选聘700多名优秀毕业生,其中博士50名,作为年轻干部储备人选进行重点培养。专门面向清华大学、北京大学开展暑期社会实践营活动,200多名清华、北大硕博士来烟开展暑期实习。二是聚焦平台系。打造线上招聘平台,开发

"优聘引才云"小程序，发布招聘岗位2.4万个，常态化开展"云聘会"450多场次。打造创业孵化平台，累计建成创业孵化平台73处，孵化面积81万平方米，在孵企业2000多家，提供创业培训，服务10万人次。打造科研创新平台，累计建成国家博士后科研工作站、博士后创新实践基地53家，吸引集聚博士后200多人。三是聚焦活动系。以青年科技人才为主体，成功承办第二届全国博士后创新创业大赛，吸引2357名海内外博士后、1457个创新创业项目参赛，是我国博士后制度实施以来举办的规模最大、层次最高、覆盖面最广的博士后全国性赛事，其中61个项目落户烟台，总投资5.9亿元。以青年创业人才为主体，举办第九届中国•烟台海内外精英创业大赛，吸引532个项目参赛，其中，80%的参赛人员具有博士学历。

（四）构建多维度青年人才服务保障体系。坚持把青年人才牵挂的"关键小事"当成"头等大事"去办，构建与事业发展相匹配的人才生态环境。一是开辟"乐业无忧"绿色通道。在全市206个服务窗口开辟人才绿色通道，配备710多名服务专员，公开服务流程和服务电话，对社保转接、编制管理、职称评审、行政审批等18类30余项政务，提供全流程服务，并同步搭建"一站式"网上服务平台，全面实现人才服务"智能办""掌上享"。二是提供"乐享无忧"专属服务。在省内率先将落户门槛降至中专，在各级人社部门设立集体户，为未就业人才集中管理户口；市、县筹集1.5万套人才公寓，面向人才免费出租；人才子女可自主择校，配偶可在1个月内办理调动手续；调剂1000个事业编制，专项用于安置高层次人才及其配偶；推出"人才交通卡"，持卡可3年免费乘坐公交车。三是营造"乐活无忧"城市氛围。围绕青年人才品质化生活需求，打造朝阳街、所城里等10处特色步行街区，建设29处青年人才会客厅，8处时尚运动主题公园，布局100多个音乐餐厅、艺术画廊等休闲娱乐场所；招募600多户商家成立人才服务联盟，提供"吃住行游购娱"等领域折扣优惠和贵宾服务；政府投资的景区、体育公园、健身场所全部面向青年人才免费开放。

三、经验启示

（一）要完善措施千方百计引人才。聚天下英才而用之，首要是"聚"。

广纳天下英才,要持续围绕政策引才、平台聚才、活动揽才、服务留才等关键环节,全力做好外招内引文章,力求把国内外青年人才“引过来”、把驻烟高校人才“留下来”、把烟台籍学子“请回来”,千方百计促进青年人才来烟就业创业,打造育才用才新格局。

(二)要做强产业让人才干事有舞台。种好梧桐树,引得凤凰栖。最好的“梧桐树”,就是广阔的发展舞台。烟台是山东新旧动能转换核心引领城市,正在大力实施“9+N”制造业集聚培育工程和16条重点产业链“链长制”,要始终紧贴产业链布局人才链,让人才在产业舞台上成长,让产业在人才带动下壮大。还要优化激励保障机制,针对不同人才特点,实施差异化的人才激励政策,充分激发人才干事创业内生动力。

(三)要优化服务让人才生活无忧虑。引才的最终目的是留才。引来人才,生态不好,很容易让人才“飞走”。要将“群贤毕至”演变为“群贤长栖”,就要不断优化人才发展环境。烟台市构建起“青年人才万元补贴、领军人才百万资助、顶尖人才亿元支持”的政策体系,在人才安居住房、配偶就业等方面相继出台利好政策,形成对青年人才的强大吸引力。

发挥人才工程牵引作用　引育高端创新创业人才
——烟台市实施高端人才(团队)引进“双百计划”

一、背景动因

习近平总书记强调,千秋基业,人才为本。爱才、惜才、容才一直是烟台的优良传统和追求目标。早在2009年,烟台市就抢抓机遇、审时度势,启动实施了高端人才引进“双百计划”,即每5年面向海内外引进100名高端创新人才和100名高端创业人才,以人才工程为抓手,加速吸引集聚产业发展急需的“高精尖缺”人才。“双百计划”实施以来,共引进评选高端创新创业人才(团队)670名(个),涌现出一大批重大原创和尖端先进技术成果,累计承担国家级科研项目343个,获得授权专利1564项;研发新产品1871项、新技术792项、新工艺526项;创办高科技企业93家,推动科技成果转化688项;累计推动产生经济效益180多亿元,实现了“引进一批人才、集聚一批团队、创办一批企业、带动一方发展”的良好成效,“双百计划”已成为烟台市招才引智的“金字招牌”。

二、主要做法及成效

(一)坚持与时俱进,始终保持“双百计划”竞争力。“双百计划”实施以来,根据形势发展变化,注重不断优化项目设置,加大扶持力度,始终保持引才聚才竞争力。2009年,“双百计划”一经推出,即得到了广大人才的广泛关注,并于2010年入选“山东省组织工作创新奖”。2015年,打造“双百计划”升级版,出台《关于深化拓展高端人才(团队)引进“双百计划”的意见》,大幅度提升资助额度,并根据“海洋经济强市”建设等需要,新增设蓝色产业领军人才团队、兼职创新等评选项目,以更大的扶持力度,发挥工程虹吸效应。2019年,遵循创业人才发展特点和评价规律,完善创业类人才评选办法,在省内率先推行“以赛代评”模式,通过举办中国·烟台海内外精英创业大赛遴选创业项目,二等奖以上直接纳入“双百计划”予以扶持,面向更大范围吸引集聚优秀创业人才,累计吸引2800余个项目参赛,落地孵化200余个。2024年,立足奋进万亿新征程,针对重点产业发展和科技创新需求,出台《新时代烟台市高端人才引育“双百计划”意见》,推出“双百计划”3.0版,将以往仅扶持创新、创业两类扩展为扶持全职创新、兼职创新、创业企业、创业项目、经营管理、产业技能、蓝色领军、海外领军8类,将每5年遴选200名左右增加至每年扶持300名左右。

(二)突出政策集成,全面提升“双百计划”吸引力。“双百计划”实施以来,注重通过含金量高、覆盖面广、扶持力度大的支持政策,加快集聚人才、成就人才。对“双百计划”学者,分攀登专家、青年专家、特支专家、客座专家4个类别,给予50万—200万元综合资助;对“双百计划”产业领军人才,分全职创新类、兼职创新类、创业企业类、创业培育类、经营管理类、产业技能类、蓝色领军类7个类别,给予36.8万—600万元综合资助;对“双百计划”海外领军人才给予最高400万元综合资助;对“双百计划”拔尖人才,分专业技术类、专业技能类、基层卫生类、乡村振兴类、社会工作类、高端金融类、基层统计类7个类别,给予4.8万元政府津贴。同时,积极推进工程配额、免评即享、自主认定等机制,进一步激发人才创新活力。为“双百计划”人才发放“烟台优才卡”,提供配偶安置、医疗保健、安居保障、居留与出入境等一系列优惠服务,有力支持了“双百计划”人才在烟创新创业。

(三)推动产才融合,持续拓展“双百计划”影响力。“双百计划”实施以来,立足烟台制造业基础雄厚、产业体系完备优势,紧贴产业链布局人才链,围绕重点产业、重大项目和骨干企业需求,引进落地了一大批海内外优秀人才。“双百计划”人才房健民博士,带领团队开发10余款全球首创、同类领先在研生物新药,其中,“泰它西普”是全球首个双靶点治疗系统性红斑狼疮的一类生物新药;“维迪西妥单抗”是我国首个获批上市的国产抗体偶联(ADC)药物,打破了ADC新药领域无国产药物的局面,也是我国首个获得中、美两国医药监管部门突破性疗法双重认定的ADC新药,其本人获评"山东省齐鲁杰出人才奖"。"双百计划"人才李又欣博士带领团队建立了"长效和靶向制剂国家重点实验室",是我国首个以长效和靶向制剂为主要研究方向的国家重点实验室。"双百计划"人才陈田安博士带领团队解决了我国LED有机硅封装材料合成和制备共性关键技术难题,一举将烟台电子封装产业带入国家队水平……"十年磨一剑",在"双百计划"的实施推动下,烟台市以高端人才引领产业转型升级、以产业转型升级集聚高端人才的产才融合格局逐步形成。全市高新技术企业、专精特新企业分别达到2500家、1530家,高新技术产业产值占规模以上工业产值比重达到64.31%,高出全省平均水平10个百分点。

三、经验启示

(一)持续升级是人才工程的活力源泉。人才工程如同宝剑,只有不断地用心锤炼,方能铸就更大威力。在实践中,要坚持需求导向、问题导向、实效导向,与时俱进拓展人才工程的内涵和外延,这样才能发挥持续效应,形成品牌影响力。十几年时间,"双百计划"历经3次拓展提升,保持了集聚高端人才的时代活力,成为烟台引才聚才的亮丽名片。

(二)产才融合是人才工程的关键所在。人才工程只有突出本地特色、突出产业需求,与产业发展深度融合,才能具有生命力和竞争力。"双百计划"紧紧围绕烟台16条重点产业链深入推进,是名副其实的产业工程,2024年度新评选出的51名"双百计划"产业领军人才,均来自烟台市高端化工、生物医药、海洋工程等重点产业领域,实现了"接地气、有底气、聚人气"。

(三)配套施策是人才工程的重要保障。实施好人才工程,需要完善配套措施,打好"组合拳"。为更好地扶持"双百计划"人才在烟发展,烟台专门出台了《烟台市高层次人才分类认定办法》及系列配套实施细则,为"双百计划"人才办理发放"烟台优才卡",提供配偶安置、医疗保健、居留与出入境等29项优惠服务,有力支持了"双百计划"人才在烟创新创业。

打造烟台人才周活动品牌
探索产才融合发展新路径

一、背景动因

为深入贯彻落实市委市政府人才强市战略，聚焦烟台标志性产业链发展需求，搭建产才对接、交流合作、创新发展的优质平台，汇聚天下英才助力烟台经济社会高质量发展，2024年8月21日至23日，烟台市委人才工作领导小组办公室、烟台市人力资源和社会保障局举办了2024首届烟台人才周暨标志性产业链产才融合发展大会。大会以“产才融合，赋能发展”为主题，紧紧围绕烟台6大标志性产业链，通过汇聚人才、对接项目，促进产业链与人才链深度融合，吸引更多高端人才扎根烟台，推动产业创新升级，提升烟台城市影响力和人才竞争力。

本届大会规模大、内容丰富、涵盖领域广，吸引了全国100余所高校及科研机构的就业部门负责人、教授、院士专家以及行业领军人才等600多人参加，烟台市首次以一座城市的名义和专属活动的方式礼敬人才，全面释放“聚天下英才而用之”的强烈信号，在全社会营造尊重人才、爱护人才、成就人才的良好氛围。

二、主要做法及成就

（一）凝聚共识，汇聚合力，高规格举行开幕式及高层对话会。山东省人力资源和社会保障厅党组书记、厅长张涛，烟台市委副书记、市长郑德雁出席活动并致辞。开幕式上，举行了校企合作、人才项目签约仪式，发布了烟台市高端人才引育“双百计划”和青年人才新政、烟台市16条产业链“揭榜挂帅”技术需求榜单和青年人才需求榜单，促成南开大学等15所高校与裕龙石化等烟台市15家重点企业达成校企合作意向。烟台市15家企业与15名国家级人才达成项目合作，聘任20余名高校教授和企业副总为烟台市科技副总、产业教授，进一步扩大了城市影响力，有力地促进了人才项目合作，为人才在烟台发展提供更具吸引力的政策环境；邀请清华大学等80余所高校代表，举行“万亿城市与青年人才双向奔赴”对话会，共同探讨城市发展与青年人才的未来。兰州大学、山东大学等6所高校分享校地合作相关经验做法，在更高层面推动烟台市校企校地合作进一步深化，实现资源共享、优势互补，为烟台的发展注入强大的动力，让更多的青年人才在这座万亿城市中绽放光彩，共同铸就更加美好的未来。

（二）聚焦产业，深度研讨，高标准举办6大标志性产业链分论坛。根据烟台标志性产业链，举办了石化及化工新材料产业、生物医药产业、清洁能源产业、海洋工程产业、航空航天产业、汽车产业等6场分论坛。每家分论坛聚焦各自产业领域，邀请领域的行业领军人物、知名企业家、资深专家，通过主旨报告、政策项目推介形式，分享实践经验、探讨技术创新，吸引了大量专业人才参与互动交流，产生了热烈的行业反响，为产业链上下游企业和人才搭建了精准对接、深度合作的桥梁，取得了一系列成果。例如，在石化及化工新材料产业方面，山东科技大学、山东理工大学、烟台职业学院与龙口市成立了化工产业人才培育联盟，为龙口市高端化工新材料产业精准引育优秀人才；在海洋工程产业方面，“远洋渔船深度战略合作”“海岛保护与海岸带生态修复”“高气压载人装备研发战略合作”等“揭榜挂帅”项目签约，签约金额上亿元，是近年来烟台市海洋工程领域签约最高榜额；在生物医药产业方面，牟平区与齐鲁工业大学（山东省科学院）化学与制药学部签署战略合作协议。

（三）精准对接，合作共赢，高质量举办产才融合考察对接活动。围绕烟台市6大标志性产业链，精准邀请国内80多家重点高校200多名相关专业领域专家、教授，分领域、分产业组织赴重点企业、产业园区实地考察对接，面对面就技术合作、人才引进、项目共建等事宜进行深入沟通和交流洽谈，现场参观企业项目发展情况，促进高校人才团队与企业在技术研发、成果转化、产业孵化等多个方面合作，有力推动烟台标志性产业链的补链、强链、延链工作，为产业高质量发展注入强大动力。例如，在福山区，与会专家赴山东鑫海矿业技术装备股份有限公司、博世华域转向系统(烟台)有限公司、延锋(烟台)座椅系统有限公司等企业参观，围绕产业转型升级、创新创业载体建设、人才政策优化提升等方面工作，提出建设性意见和建议。在牟平区，与会人员实地到烟台新药创制山东省实验室、蓝色药谷·生命岛园区、石药百克、丰金医药、烟台核医疗科技馆、佰鸿干细胞等进行调研，实地了解园区建设及产业发展情况，并就人才交流合作进行现场对接，进一步为产业发展积蓄人才动能。在海阳市，与会专家参观了海阳卫星数据产业园及九天行歌、星河动力等航空航天领域重点企业，为烟台市航空航天产业提质增效、快速发展注入新的强劲活力。在龙口市，与会专家现场观摩了裕龙石化、龙口国际科创人才港，与企业进行了深入对接和交流，在人才引育、项目攻关等方面达成初步合作意向。

三、经验启示

(一)深化战略定位，坚持“产业需求导向”的产才融合逻辑。以产业链图谱绘制人才需求地图，将人才政策、引才活动与产业升级目标深度绑定，避免“为引才而引才”的盲目性。例如，针对石化及化工新材料产业转型升级需求，定向引进化工新材料、绿色工艺等领域人才，实现“引才即能用才”。

(二)注重模式创新，构建“政策＋平台＋服务”三维引才体系。一要强化政策激励。通过“双百计划”“青年人才新政”等组合拳，形成“顶尖人才有专项、青年人才有保障、创业人才有扶持”的全周期政策链。二要加大平台赋能。以人才周为龙头，叠加“名企名校行”“海归创业大赛”等活动，构建“节庆品牌＋常态化对接”的立体引才平台。三要注重服务升级。设立“人才服务专窗”，推出“人才码”集成服务(涵盖住房、教育、医疗等20项权益),提升人才归属感与留存率。

(三)坚持协同治理,深化"政产学研用"全要素联动。政府发挥统筹协调作用,高校提供智力支撑,企业作为需求主体,行业协会搭建沟通桥梁,形成"问题共商、资源共享、成果共用"的治理格局。例如,在海洋工程产业分论坛上,政府牵头整合高校科研团队、企业技术需求、行业标准制定资源,推动产业链关键技术联合攻关。

(四)强化生态培育,注重"以才引才、以业聚才"的生态裂变。通过打造人才成功案例,形成"引进一个、带来一群、辐射一片"的裂变效应;强化产业配套与生活配套协同,在开发区、高新区等产业集聚区建设"人才公寓+商业综合体+国际学校",解决人才后顾之忧,实现"以业留人、以城留人"。

本次大会的成功实践,为推动产才融合提供了"烟台范式",即通过精准的产业定位、创新的政策设计、高效的平台搭建与长效的生态培育,实现人才集聚与产业升级的良性互动。未来,烟台将进一步拓展国际人才合作,深化数字技术与产业融合,持续擦亮产才融合金字招牌,为城市高质量发展注入源源不断的动力。

智汇赋能发展　博创引领未来
烟台成功举办第二届全国博士后创新创业大赛

一、背景动因

为深入贯彻党的二十大和中央人才工作会议精神，全面贯彻习近平总书记关于做好新时代人才工作的重要思想，持续发挥博士后制度在培养高层次创新型青年人才、促进产学研融合、推动大众创业万众创新中的重要作用，人力资源和社会保障部、全国博士后管理委员会共同举办了第二届全国博士后创新创业大赛。本届大赛以“智汇赋能发展　博创引领未来”为主题，共设创新赛、创业赛、海外（境外）赛和揭榜领题赛四个组别。大赛预设新一代信息技术、高端装备制造、新能源新材料、生物医药与健康、现代农业与食品、海洋开发与应用、其他行业等7个赛道。每个赛道均设置2个金奖、4个银奖、6个铜奖，优胜奖若干。按照金奖10万元、银奖5万元、铜奖2万元的标准向获奖者发放奖金，对优胜奖获得者颁发获奖证书，对获得金奖、银奖、铜奖的项目团队核心成员中的博士后研究人员颁发“全国创新创业优秀博士后”证书。

2023年10月26—28日，总决赛在烟台市举办。来自31个省（区、市）和新疆生产建设兵团以及11个博士后设站单位共43支代表队、2357名参赛选手，开展近1500场精彩的创新创业项目路演展示。大赛共产生金奖55个、银奖109个、铜奖164个，累计吸引2.68万余人次参与活动。与第一届大赛相比，本届赛事具有参赛项目更多、参与范围更广、赛事水平更高、研讨交流更深、项目对接更准等特点，得到了各级领导的充分肯定和高度评价。

二、主要做法及成效

（一）坚持高位办赛，高规格抓好赛前组织筹备。一是建强组织体系。配合人力资源和社会保障部、山东省人力资源和社会保障厅充实完善大赛组委会、执委会机构和人员组成，提请市委市政府建立由主要领导为总召集人，相关市领导为副召集人，26个部门单位为成员的大赛承办工作联席会议制度。二是做优赛事保障。将八角湾国际会展中心作为赛事活动场馆，突出烟台元素，精心搭建28个竞赛场馆，布设“来揭榜”“成果汇”等12个功能区，精心打造的烟台手造、烟台记忆、烟台味道等主题展吸附人潮2万人次。三是精细接待服务。在大赛举办地周边选定33家酒店，安排专人提供驻点服务。尊重不同国家、民族的饮食习俗，分类分时提供用餐保障。组建133个陪同团，招募500余名志愿者，全力做好赛前、赛中、赛后保障工作。部署600余名警力，制定12个安保方案和应急预案，确保“万无一失，绝对安全”。

（二）坚持精彩办赛，高水准举办各项赛事活动。大赛采取“赛展会”结合的办赛模式，同步举办成果展示、交流对接、主题研讨、人才招聘等活动。一是突出竞赛争彩。配合人力资源和社会保障部、山东省人力资源和社会保障厅编制一揽子竞赛技术性文件，选配182名赛馆工作人员服务赛事，精益求精举办开幕式和闭幕式，保障各项赛事顺利进行。二是突出活动亮彩。来自全国的806个单位参加现场交流活动，92个揭榜领题项目和80个成果转化项目成功对接并现场签约，意向合作金额达43.54亿元，取得了氛围好、效果好、反响好“三好”效果。三是突出宣传添彩。人民网、新华网、山东卫视等各级媒体发布报道30.1万条，阅读量累计2.1亿人次，吉祥物“博小创”成为抢手产品，大赛推介大使王亚平、院士大赛寄语等视频，宣传了大赛情况，深入推介了烟台城市环境、产业发展、创新创业政策等，提高了烟台城市知名度。

（三）坚持务实办赛，高品质抓好成果转化落地。紧抓“主场”优势，成立“双招双引”工作小组，全力推动落户一批高层次人才项目。一是超前备足招引“大餐”。专门出台针对大赛人才项目落户烟台的六项政策,人才吸引力走在全省前列。提前获取全国总决赛1500余名人才项目信息,提前对烟台市重点企业单位博士(后)需求进行调查摸底,组织各区市、各部门精准筛选,锁定优势项目,超前开展洽谈合作。制定大赛“双招双引”工作方案,明确部门和区市任务,抢先一步组织召开项目交流对接会,赛前36个项目达成落地意向。二是高频举办招引活动。借助大赛举办海内外博士(后)烟台产才对接交流大会和人才招聘、项目对接、揭榜领题、感知烟台体验等“1+4”主题活动,发布“揭榜领题”榜单和博士(后)岗位需求495个,120人与招聘单位达成了引进意向。三是一批项目转化落地。烟台市有89个高水平项目入围总决赛,共获得金奖4枚、银奖5枚、铜奖9枚。有100家企业、39个团队参加了路演、揭榜领题、展示招聘等活动,61个人才项目顺利签约落户。其中,博士(后)创业和成果转化项目15个,占全省的37.5%,占全国的18.7%;揭榜领题项目39个,占全省的100%,占全国的42%;博士入站(基地)项目7个。累计达成意向合作资金5.9亿元,占全省的31%,占全国的13.5%。特别是在产才对接交流大会上,一次性签约落户项目37个。

(四)坚持节俭办赛,高标准强化厉行节约。本着节俭、安全、精彩的办赛原则,与市财政局反复研究预算方案,最大限度把预算编细编实。制定大赛财务审计监督工作机制及大赛物资采购管理办法等各项规章制度,组成联合审计监督组,全程加强监督审核。采用“政府+企业”合作办赛模式,选取烟台万华、裕龙石化等16家知名企业为大赛战略合作伙伴,东方电子、玲珑轮胎等24家企业为大赛高级合作伙伴,新华网等11家媒体为大赛媒体合作伙伴,实现了资源互补、优势共享、互惠双赢、品牌共创。

三、经验启示

(一)产才融合是核心,要打造“赛事+产业”对接闭环。要坚持产业需求导向精准引才,围绕本地产业链短板设置赛事赛道,提前发布技术需求榜单,推动参赛项目与企业需求“双向奔赴”,实现“引进一个项目、带动一条产业链”;要进一步强化政策创新,增强落地黏性,针对博士后群体特点,推出“科研资助+创业扶持+生活保障”组合政策,解决人才落户“最后一公里”问题,形成“以政策吸引人、以产业留住人”的生态。

(二)创新办赛是关键,要构建“赛展会招”四位一体模式。要注重赛事平台赋能成果转化,通过“竞赛选拔+展览展示+对接签约”全流程设计,将赛事从“单一比拼”升级为“成果孵化平台”,提升人才项目落地转化率;要坚持将城市元素深度植入赛事,借助赛事舞台展示城市形象、产业优势、政策环境,实现“办一次赛、兴一座城”,让赛事成为城市品牌的“放大器”。

(三)市场化运作是支撑,要探索节俭高效办赛路径。要坚持政企合作破解资金瓶颈,通过招募合作伙伴、共享赛事资源,在减少财政支出的同时提升企业参与度,实现社会效益与经济效益双丰收;要坚持精细管理,杜绝铺张浪费,建立全流程预算监管机制,压减非必要开支,将有限资金聚焦赛事核心环节,打造“节俭而不失精彩”的办赛典范。

(四)长效服务是保障,要建立“赛后跟踪”服务体系。要坚持专员服务,确保项目落地,为落户项目配备专员,提供政策解读、手续代办等“保姆式”服务,提升人才满意度和项目成活率;坚持定期回访,促进持续合作,建立落户项目定期回访制度,协调解决研发场地、市场拓展等问题,推动赛事成果从“一次性签约”转化为“持续性发展”。

用市场手段激活人才资源“一池春水”
——烟台市探索人才工作市场化发展新路径

一、背景动因

烟台市人才科创发展集团2021年9月揭牌成立，在市委组织部宏观指导下，聚焦人才服务和科创发展两条主线，统筹推进人才招引、人才科创、人才培训、人才服务、人才数据和人才智库等六大板块，着力构建区域型人力资本旗舰企业。公司先后被山东省人力资源和社会保障厅认定为山东省博士后创新实践基地、山东省博士后创新成果转化基地。实践中，通过搭建激发人才创新创业活力的市场化支撑平台，服务人才“引育用留服”全链条，有效激发人才创新活力，助力营造最优人才发展环境。

二、主要做法及成效

（一）创新招引模式，打造产业链精准引才供需闭环，破解“引才难”。破解“引才难”，关键是将“政府端菜”转变为“企业点菜”，从“大水漫灌”转向“精准滴灌”，形成“多元汇聚”的强大引力场。

一是数字赋能，打造数智化引才云平台。聚焦“百千万青年人才集聚工程”，搭建市级人才招引平台“优聘•烟台引才云”，通过数据对接、自动匹配、智能推荐、归类入档，形成可视化“人才数字画像”，构建“岗位智能图谱”，同步集成人才政策电子词典查询、人才卡申领、人才公寓申请等一系列便捷服务，实现企业岗位与人才信息的高效精准匹配。该平台获得首届黄河流域人力资源人力资本服务创新大赛全国总决赛优秀奖、被山东省人力资源和社会保障厅评为2024年山东省“数智就业”服务典型应用场景。搭建精准供需对接平台，摸清产业发展情况、龙头企业情况、领军人物情况，动态储备全国110多所高校、烟台市6300余家重点企业及9万余条人才信息，每年2次围绕16条重点产业链发布人才需求目录，推进人才引育与产业发展深度融合。

二是校地联动，开展精准化校园招聘。创新“沉浸式体验＋精准化服务”招聘模式，在传统双选会的基础上，增设企业视频展厅、生产流程模拟、校友分享会等多元环节，每年组织近千家企业赴50余所高校开展“名企名校行”外出引才系列活动，500余家企业赴20余所驻烟高校开展“留在烟台·青春无忧——千企万岗进校园”系列招聘活动，年组织各类招聘活动百余场次，发布需求岗位10万余个，收集求职简历9万余份，达成就业意向逾万人。

三是布局全球，构建国际化引才网络。联合香港人才集团，在中国香港设立境外引才工作站，立足香港、辐射全球、服务烟台。此外，与日本、韩国、新加坡、澳大利亚、德国等学联组织、机构签订人才合作协议，构建交流机制，年引进境内外博士及以上高层次人才过百人，烟台市人才科创发展集团先后被认定为市级人力资源服务成长创新机构、年度重点引才单位。

（二）推进产教融合，实现人才培养与产业需求同频共振，破解“育才难”。破解“育才难”，核心在于打通“就业供给”与“企业需求”堵点，面向用人单位、青年人才、企业经管人才和人才工作者有的放矢提升员工综合素质，打造“涌泉相报”的成长池。

一是面向社会，开通人才政策直通车。配合主管部门，整合全市人才工作领导小组成员单位资源，通过“线上＋线下”形式宣讲人才政策，包括针对高校毕业生和用人单位的青年人才就业政策、面向创业人才的创业政策、面向企业财务人员的税务筹划政策等12大类培训内容，年可培训学员超10万人次。发挥创业大学作用，联合团委、妇联和驻烟高校，建立“创业大学＋实训基地＋创客空间”制度，为在烟大学生提供政策解读、技能实训、企业参访等服务，通过“校内理论＋校外实践”，确保大学生就业需求与企业需求“同频共振”,提升驻烟高校毕业生留烟率。

二是面向企业,打通素质能力提升新通道。配合市国资委,从规划发展、人力资源、法律合规、财务投资等8个方面分条线对国资国企相关人员开展针对性培训,年内完成外部董事、人力资源等4个专题培训任务,预计年参训500余人。按照重点企业需求,面向“倍增企业”中层管理人员,培养具有全球视野、创新精神、战略思维和卓越领导力的领军企业高阶管理人才队伍。承接工信部工业互联网、人工智能、大数据、物联网等4个重点领域的人才岗位能力评价项目,通过构建“理论奠基+实操强化+岗位评价认证”的培养课程体系,年可组织培训10期、1000人次以上,助力行业人才体系建设。

三是面向人才,打通学历教育和技能教育双通道。一方面,以产业为牵引,聚焦“9+N”制造业集聚培育工程和16条重点产业链,通过校企合作、共建产业学院、共建实训基地等方式,促进“四链融合”,推动产业供需对接、精准育人。另一方面,开通国际升学留学服务,与日韩、港澳、新澳、欧美等100余所知名高校建立合作,不仅实现本、硕、博升学留学服务全覆盖,而且打通技能留学通道,培育具有全球视野的技术技能人才,帮助500余名青年学子升学深造、成才圆梦。

(三)聚焦孵化转化,以人才引领打造科技创新生态,破解“发展难”。破解“发展难”,关键在于推动高端人才与事业平台相结合,让事业激励人才,让人才成就事业,搭建“活水奔流”的大舞台。

一是以赛引才成效显著。承办第二届全国博士后创新创业大赛,61个人才项目签约落地,92个揭榜领题项目和80个成果转化项目现场签约,意向合作资金43.54亿元。连续4年承办中国•烟台海内外精英创业大赛,吸引30多个国家(地区)2800余名高层次人才创业项目参赛,180余个优质项目落地孵化,投资总额近20亿元,吸引风投2.7亿元,57人次入选国家、省、市级人才工程。

二是股权投资助力成长。运营“梦创烟台”高层次人才创业项目股权投资,面向烟台市“一事一议”引进的顶尖人才(团队)创业项目、省级以上领军人才配套扶持的人才创业项目、“双百计划”人才创业项目,单个项目投资额最高达1.5亿元。目前,已完成融科生物和图蓝电子两个泰山产业领军人才配套资金项目股权投资。

三是搭建成果转化平台。建立"揭榜挂帅"机制,通过企业"出题"、政府"选题"、人才"答题"的机制,发布需求榜单500余个、成果榜单700余个,推动产学研融合。完成成果库、项目库、人才库、技术经纪人库建设,引进各类人才协会120余家,汇聚高校110余家、科研院所80余家、科研成果2800余项,全部完成人才政策导入,汇聚各类资源力量推动科技成果快速转化。

(四)突出乐业安居,让人才从"过客"变成"合伙人",破解"留才难"。破解"留才难",关键在于让人才成长与城市"城"长同频共振,满足初期"一张床、一间房"的安居需求,搭建"此心安处是吾乡"的温暖港湾。

一是入住手续一次办好。围绕青年友好型城市建设,在省内率先搭建"烟台市人才安居智慧服务"平台和烟台人才安居微信小程序,畅通人才、用人单位、房产商、监管机构之间的信息,集房源上线、信息注册、现场看房、住房申请、结果公示、合同签订、入住办理等服务于一体,实现市级人才公寓"网上选房、网上缴费、智能租赁",一次办好入住手续,7000余名人才、620余家单位在平台注册,1600余人"拎包入住"。平台被认定为全省大数据创新应用典型应用场景。

二是房源选择省心便捷。按照"高端优先、统筹兼顾、满足急需、就近安排、逐步解决"的原则,在全市产业、人才集聚的地方,广泛遴选符合条件的人才公寓。开展"青年驿站"提升行动,实现15家约800套房源"驿站式"人才公寓供给,为来烟应聘的青年人才提供一年两次、每次最长7天的免费入住服务,打造暖心引才第一站。目前,全市共筹集人才公寓10000余套,分布在市直和14个区市的40个小区,满足不同层次、不同产业、不同领域人才的入住需求。

三是管理服务周到舒心。为了让青年人才住得"安心",制定了入住办理、日常保洁、设施维护、退租交接等环节的标准化服务流程,提供24小时管家服务,并建立服务评价反馈机制,为入住人才提供系统化、规范化的服务保障。为了满足青年人才的就业创业需求,定期提供招聘信息推介、简历制作、面试技巧指导、职业规划等服务,帮助青年人才加快就业。为了满足其社交需求,不同类型的公寓提供多元化增值服务,配建健身房、影音室、咖啡吧等,以及共享工作室、会议室、路演厅等公共空间,通过"贴心、便利、规范、阳光"的服务,打造"知寓烟台"人才安居品牌。

(五)突出人才服务,搭建"政府做环境、市场做运营"服务模式,破解"服务难"。破解"服务难",核心在于推动人才服务从"物理集合"向"系统集成"转变,从"行政任务"向"市场生意"转化,实现人才服务"最优加一点"。

一是组建专业化人才服务机构。牵头组建烟台市高层次人才服务联盟,联盟由260家市区两级事业单位、国有企业和市场化机构组成,可提供政策、金融、法律、医疗等20余大类服务事项,涵盖400余项服务产品,推动政府公益和市场服务优质资源融合,打造完整的高层次人才服务闭环生态。成立专家人才联合会,会同市生物医药和先进结构材料两个产业人才联盟,联合泰和新材、荣昌制药等8家"倍增企业"共同发起,旨在发挥各领域专家人才的作用,通过学术活动、政策建议及基层服务,在政府、社会、企业、人才之间架起合作交流的桥梁。

二是构建全链条人才服务体系。通过"精准化、标准化、系统化和专业化",构建"4S"人才服务标准体系,从一张"烟台青才卡"提供6大类54项服务权益,到搭建"乐享烟台"高层次人才服务平台,面向E类及以上高层次人才、驻烟高校毕业季大学生,构建"食住行游购娱医学养"全产业链人才服务体系,再到制发"烟台优才卡"作为身份识别标识,持卡享受配偶安置、子女入学、医疗保健、公寓租赁等30余项公共服务和500余户商家服务。目前,"烟台青才卡""烟台优才卡"均已制发2万余张,通过激活市场主体能动性,推动人才服务从"融入"到"认同"。

三是打造高端人才服务平台。高标准建设海外留学人才之家,设置"海聚烟台""海创烟台""海川学堂""海悦联谊"四大功能区,在开展宣传展示、人才政策发布、洽谈交流、联谊凝聚的同时,提供签证、翻译、外国人在烟服务、对外劳务等20余项服务项目,提升留学人员创新、创业、就业服务质效,推动打造有效市场和有为政府高效结合的功能体。市级大学生综合实践基地发挥作用，连续4年承接北京大学、清华大学硕士、博士来烟实习实践，帮助青年人才在真实产业场景中提升专业能力，被授予“优秀大学生实习基地”称号。

三、经验启示

（一）市场化运作是关键。创新搭建“优聘•引才云”“人才安居智慧服务”“中介引才”等市场化平台，强化市场在资源配置中的决定性作用，精准对接人才、企业与项目，提升工作效率与质量。同时，承办各类市场化赛事和活动，吸引社会资本和资源参与人才工作，拓宽人才工作的资金来源和渠道。

（二）精准服务是核心。深入了解党委政府、企业和人才的实际需求，提供精准化、个性化的服务。针对企业需求，组织精准的校园招聘和项目对接活动；针对人才需求，提供住房、生活补贴、职业发展等全方位服务保障。通过精准把握各方需求，提升服务的针对性与有效性，使人才工作价值最大化。

（三）合作共赢是动力。积极与高校、企业、社会组织等各方建立广泛的合作关系，形成强大的工作合力。与高校合作开展人才培养和招聘活动，与企业合作推动项目落地和产业升级，与社会组织合作提供多元化的人才服务。通过合作共赢，实现资源共享、优势互补，共同推动人才工作的创新发展。

烟台市人才科创发展集团以“市场化之手”破解“人才工作之困”，通过机制破壁、数据赋能、生态耦合，将政策红利转化为发展动能。实践证明，人才工作的专业化与市场化，本质是让“第一资源”在市场规律中高效流动、在产业土壤中深度扎根。

深化"四链"融合　打造世界一流化工强企

一、背景动因

近年来，万华化学集团股份有限公司（以下简称"万华化学"）聚焦全球绿色化工和先进材料产业布局，坚持以产业升级为发展根基、以自主创新为核心动力、以人才资源为引领支撑，全面提升企业自主创新能力，助力产业链绿色低碳发展，成功走出了人才链、教育链、产业链、创新链融合的"万华路径"。目前，企业拥有科研人员4000余名，其中省级以上领军人才68人、博士210余人、硕士2300余人；建成国家聚氨酯工程技术研究中心、聚合物表面材料制备技术国家工程实验室等高能级科研平台16个；近五年科研投入达到119.4亿元；累计申请国内外发明专利4800余件，获得国家科技进步一等奖等国家科技奖励7次；研发出全球首创技术11项、打破"卡脖子"技术31项，发展成为全球技术领先、产能最大、最具综合竞争力的MDI（二苯基甲烷二异氰酸酯）供应商和全球产业链完整、品种齐全的ADI（脂肪族二异氰酸酯）制造商。

二、主要做法及成效

（一）强化创新主体作用，推动产业链绿色低碳发展。主动承担烟台市绿色化工产业链"链长"责任，发挥自身创新优势，聚力做好延链补链强链。聚焦强链，依托国家聚氨酯工程技术研究中心、聚合物表面材料制备技术国家工程实验室等平台，主动为下游企业技术研发提供分析检测资源，助力产业链中小企业提升研发能力。聚焦补链，持续加大无醛人造板领域研发投入和产业培育力度，与迪芬巴赫、亚联等设备厂商合作共建无醛胶合板自动化工厂，单方制板成本下降150元，生产效率达到脲醛胶的95%以上，促进有醛产线向无醛产线快速切换转型。聚焦延链，针对国家“双碳”战略背景下化工行业能耗问题，联合节能服务领域重点企业，创新推出新能源电力及废热回用技术，实现园区生产用热和社区生活用暖“双保障”。依托万华化学烟台工业园推广新能源电力及废热回用技术，保障烟台市1亿平方米建筑冬季采暖，节省煤炭260万吨、节水2000万吨。在蓬莱新园区高标准建设“零碳工业园”，在全球制造业形成减碳新示范，引领全球化工产业低碳发展。

（二）深化产学研合作，持续提升自主创新能力。通过校企人员互派、共建联合实验室、共担科研课题、联合培养研究生等多种形式，全面加强与“高校系”“中科系”“企业系”合作，提升创新策源硬实力。已与北京大学、天津大学、华东理工大学、北京化工大学、浙江大学、中国石油大学等知名高校，与中科院微电子研究所、中科院深圳先进技术研究院等科研机构，与海尔、海信、安捷伦、海康威视等龙头企业，深入开展产学研合作，实现了一系列“卡脖子”高端化工新材料关键技术突破，并陆续进入产业化阶段。2022年8月，万华化学和北京大学共同成立“北京大学—万华化学联合研究中心”，将引入北京大学不少于100人的顶尖团队联合开展应用技术开发、“卡脖子”技术难题攻关。与海尔、海信等一流的冰箱制造企业建立战略合作关系，成立联合实验室，加快研究成果的培育和转化，不断突破冰箱快脱技术，目前脱模时间已突破80秒，领先同行30秒以上，为冰箱行业提供了更加高效的解决方案。

（三）优化人才培育机制，打造高端化工人才高地。一方面，自建大学育才。2020年6月，万华化学成立万华大学，旨在打造传播文化、分享实践、创新思想的学习平台，成为万华化学人才自主培养的摇篮。万华大学成立以来，聚焦领导力、专业化、职业化三个方向，整合内外部资源，累计开展领导力项目5个班，培养管理者及潜在管理者2966名。开展专业化培训8299

人次,有效提升了全产业链专业技术人才的业务能力。开展职业化培训1万多人次,为青年人才提供了全方位、针对性的学习成长方案。另一方面,开展校企联合协同育人。面对化工专业在吸引优质生源、优化人才培养、提高就业质量等方面的系列挑战,万华化学主动联合大连理工大学、华东理工大学、四川大学、天津大学组成"校企4+1模式",通过设立"万华班"、委托培养等方式,探索高素质化工人才培养新模式。同时,搭建校企论坛平台,举办校企对接活动,先后邀请32所本科院校120位高校专家参加论坛。借助校企论坛平台,成功申报并立项教育部供需对接育人项目,为全面推进校企协同育人模式开辟了新道路。

(四)细化人才激励措施,充分激发人才创新创造活力。秉承"以价值体现价值、以财富回报财富"分配理念,专门设计富有竞争力的薪酬体系。在万华化学,研发人员薪酬按一线城市的高水平标准发放,生产人员按二线城市的高水平标准发放,综管人员按二线城市的中高水平标准发放,一流的研发人员薪酬比总经理高是常事。旗帜鲜明地奖励有突出贡献的人才,科研人员自主开发的新产品成果转化盈利后,连续5年按净利润的15%给予提成;改进现有工业化装置工艺,一年内产生的效益按20%—30%给予提成;每年的技术创新表彰大会,公司拿出重金奖励优秀成果和人才。持续推进国企改革,通过改革让骨干员工持股,将大家的事业与公司发展紧密结合在一起。

三、经验启示

企业既是产业的根基,也是科技创新和人才开发的主体,是推进"四链"融合发展的关键一环。万华化学充分发挥自身优势,强化创新主体作用,打通了连接人才、高校、产业、创新各要素之间的"最后一公里",为以企业为主导推动"四链"融合提供了样板。一是把创新作为"第一动力"。创新是企业的灵魂,是企业持续发展的保证。万华化学始终以科技创新为核心竞争力,成立大学育人才、投入巨资建平台、联合高校搞创新,走出了高水平自立自强的成功之路。要积极引导企业增强创新意识,加大科研投入，联合高校院所、科研单位积极开展关键技术攻关，发挥好企业“四链”融合的创新主体作用。二是把人才作为“第一资源”。人才是“四链”融合的总牵引。万华化学一直把人才作为最重要的战略资源来精心培育和管理，始终以宏伟的事业愿景感召人、以科学的分配体系激励人、以优秀的企业文化凝聚人、以系统的成才机制培养人，打造了一支充满激情、专业过硬、乐于奉献的优秀人才队伍，为提升企业自主创新能力提供了源头活水。要不断完善支持企业引才育才政策措施，引导企业真正重视人才、引育人才、用好人才。三是把机制作为“第一生命”。推动“四链”融合，关键是要找到人才链、教育链、产业链、创新链深度融合的机制措施。要充分发挥骨干企业的牵头作用，建立有效且持久的信息共享、对接交流、利益分配的机制和渠道，真正实现各个创新要素互相交融、互促发展。

打造生物医药产业“四链”融合实践样板
——烟台强化产才融合赋能“蓝色药谷·生命岛”建设

一、背景动因

生物医药产业是关系国计民生、经济发展和国家安全的战略性新兴产业。山东医药产业规模约占全国的1/10,医药产业被列为全省11条标志性产业链之一。烟台市“蓝色药谷•生命岛”作为省市区三级重点项目,坚持高标准规划,充分发挥人才引领、创新驱动作用,通过产业化导向、市场化手段加强“四链”融合路径探索,为烟台入选全国首批战略性新兴产业集群、山东省首批“十强”产业“雁阵型”集群库做出贡献。目前,“蓝色药谷•生命岛”已累计吸引100余家企业落户,集聚高端人才350余名,累计转化交易合同额超过1.6亿元,满园满产后年产值将达到260亿元、利税48亿元,集聚各类人才超过5000人。

二、主要做法及成效

(一)聚焦创新驱动,做好“四链”融合顶层设计。加强基础研究和科技创新能力建设,是发展生物医药产业的重中之重。“蓝色药谷•生命岛”以“打造高端研发创新区”为目标,构建起“2+6+N”三级创新驱动体系:“2”即中科环渤海(烟台)药物高等研究院、烟台新药创制山东省实验室2个龙头级科研平台,“6”即吴炯院士工作站、省实验室博士后科研工作站、省级新型研发机构、石药百克长效蛋白药物山东省工程研究中心等6处高能级创新平台,“N”即生物样本资源库、大型仪器设备共享平台等多处产业服务平台,实现了“上游发现—中试开发—产业转化”全链条贯通。目前,共引进两院院士等30位高层次人才担任课题组长,领衔开展新药及仿制药项目研发97项,获临床批件I类新药2个,提交pre-IND申请I类新药2个,进入临床前研究I类新药9个,发布新型抗肿瘤小分子候选药物等科研成果8项,落地转化3项。

(二)坚持高位推动,牵引“四链”融合发展。在“蓝色药谷•生命岛”全域推行“链长制”,分为创新药物、高端医疗器械、特医与保健食品、现代中医药等5个领域,明确东诚药业、石药百克等10家头部企业担任“链主”,整合市场监管、卫生健康、自然资源、行政审批等12个相关部门成立“链办”,形成“链长挂帅—链主领航—链办护航”组织保障机制。围绕“产业链”,实缴资本10亿元,成立烟台生物医药集团,全方位负责“蓝色药谷•生命岛”产业管理运营;围绕“人才链”,成立烟台半岛人才科创集团,组建6部门、32人的专业队伍,专职负责“蓝色药谷•生命岛”内技术转让、活动策划等企业人才业务;围绕“创新链”,成立烟台市生命科学与健康研究院,负责承接国家重点研发计划项目,推动产学研一体化发展;围绕“教育链”,依托省实验室组建研究生院,实施“科教融合 协同育人”研究生联合培养计划,衔接中国科学院大学、山东大学等28所省内外高校,培养生物学、生物工程等学科硕博研究生298人。

(三)探索市场化手段,助力“四链”融合提质增速。针对“四链”融合过程中可能出现的研发堵点、融资难点等问题,从市场化角度进行路径探索,为企业和人才保驾护航。中试投入大、难度高,是科技成果转化的“达尔文死海”,对此,“蓝色药谷•生命岛”成立可提供CDMO(合同研发生产组织)/MAH(药品上市许可持有人)等9类中试服务的山东蓝色药谷成果转化公司,辐射岛内所有专家(团队)和企业,推动生物医药成果从“实验室”迈向“应用场”。面对全国范围内生物医药企业一级市场融资量“资本冷却”,烟台生物医药集团牵头,联合山东省新动能基金、烟台国泰诚丰等20余家生物医药领域头部基金,共同设立100亿元规模的生物医药健康产业发展母基金,目前已为艾名医学、埃格林医药等21家企业解决融资难题,预计三年内扩大形成500亿元规模的母子基金群。为防范市场风险,制定评审工作方案,成立评审专家组,对项目落地投产进行全流程辨识评估。引进北京团集康健专业人才团队,共建自媒体销售平台,联动国内1300余个销售资源为园区企业提供销售服务。

(四)优化人才生态环境,提升"四链"融合发展软实力。通过"部门联合+资源整合",提升人才服务精准度,营造"热带雨林式"人才发展生态。做好安居保障,定向推出130套人才公寓,采取"企业补贴租金、园区配套服务、区级兜底保障、人才拎包入住"模式,满足人才安居需求。打造人才社区,推进"生命岛国际人才交流港""昆嵛人才会客厅"实体化建设,成立1处管理服务中心,组建28人服务专员队伍,设置政务服务区、共享办公区、双创路演区等8个主要管理服务区域,定期开展各类人才活动。开展试点改革,通过制定放活管理运行机制、深化岗位职称改革等6个方面措施,全面推进人才发展体制机制综合授权改革,破除人才培养、使用、评价、支持等方面的体制机制障碍,最大限度优化人才发展氛围。丰富服务事项,整合部门单位职能资源,梳理配偶安置、子女入学、医疗体检等8大类服务项目31个,举办魅力烟台体验日、青年人才联谊会等活动,助力人才安心创新创业。

三、经验启示

(一)强化顶层设计是推进"四链"融合的重要前提。政府部门应立足区域发展实际,科学制定涵盖"四链"融合的中长期发展战略规划,明确各阶段目标、重点任务以及各主体责任,避免各链各自为政、发展无序的情况。出台支持产业发展、科技创新、人才发展的若干措施,引导"四链"要素向重点领域、关键环节集聚。

(二)强化生态营造是推进"四链"融合的关键所在。支持鼓励高校、科研院所与企业建立紧密的合作关系,通过共建联合实验室、产业技术创新联盟等形式,实现创新成果从实验室到产业化的高效转化。同时,推动龙头企业发挥引领作用,通过产业配套、技术扩散、协同创新等方式,带动中小企业融入产业链，营造高效、有序的创新生态。

（三）强化人才供给是推进“四链”融合的内在要求。根据产业发展需求和创新链各环节人才缺口，制定精准的人才引进策略，聚焦重点领域、关键技术方向引进高层次创新创业人才。注重本土人才培养，加强高校、职业院校等教育机构与产业对接，优化专业设置，开展定制化人才培养项目，为本地“四链”融合源源不断地输送实用人才。

（四）强化监测评估是推进“四链”融合的制度保障。积极搭建“四链”融合监测平台，收集创新链上的科研成果、产业链的发展态势、人才链的配置与流动等多方面数据，运用大数据、人工智能等技术手段进行实时分析，定期对“四链”融合成效进行评估，并依据评估结果调整完善相关政策和工作举措，持续优化“四链”融合的推进路径，保障其朝着预期目标持续迈进。

发挥人才引领作用
助力微纳传感产业创新发展

一、背景动因

明石创新(烟台)微纳传感技术研究院有限公司(以下简称“明石创新”)创立于2019年3月,是明石创新技术集团旗下微纳传感技术产业板块高端研发平台与核心产业化企业。明石创新作为发起单位,牵头建设“山东省微纳传感技术与智能应用创新创业共同体”“山东省微纳传感技术与智能应用制造业创新中心”两大省级创新平台,联合核心成员单位46家,系统梳理产业链和创新链技术难题56项,以人才链为总牵引,激活创新链、服务产业链。通过实施人才引进、技术攻关、成果转化、平台建设、企业孵化培育等工作举措,实现多种传感器的国产化替代,并为多个制造业重点领域提供传感器核心器件和解决方案,推动制造业向智能化发展升级。2024年12月,明石创新主导组建的山东省微纳制造创新中心获批成为全国微纳制造领域唯一的国家制造业创新中心。

二、主要做法及成就

(一)立足产业市场需求,精准引进高层次人才。微纳传感技术是交叉学科,涉及多个学科领域,对高水平人才及专业技术人才的依赖性强。明石创新在系统梳理产业链上下游技术难题的基础上,重点面向传感器设计制备、纳米材料、控制系统与算法等三大领域,柔性引进我国高端微纳传感技术带头人、中国工程院蒋庄德院士，控制系统与算法专家、中国科学院安德森·林奎斯特院士，铁电陶瓷材料专家、加拿大皇家科学院叶作光院士，纳米材料专家、天津大学纳米国际中心执行主任马雷教授等技术带头人。与大国重器“蛟龙号”总设计师、中国工程院徐芑南院士等十余位院士结成紧密合作关系，推进微纳传感技术智能应用，建设3个院士工作站，累计引进省级以上人才16人，其中国家级人才12位，带动成员单位新增全职研发技术人员1059人。

（二）加强校地企三方合作，搭建高端创新平台。为进一步提升高层次人才吸引集聚能力，针对本行业大量创新资源、创新成果集中在高校院所的情况，明石创新通过校地企三方共建模式，引进国内知名高校院所，在我省共建创新平台。培育认定3个国家级、12个省级创新平台，培育的5家新型研发机构通过省级认定。2019年以来，先后与西安交通大学、烟台黄渤海新区共建了“西安交通大学（烟台）智能传感技术与系统研究院”，与天津大学纳米颗粒与纳米系统国际研究中心共建了“天津大学•明石创新纳米材料联合实验室”，与上海交通大学共建了“控制系统与算法研究中心”。在共建创新平台上，推动高校人员与企业人员交叉任职，促进深度融合，实现人才共引共享共用。

（三）融合国内外创新资源，强化企业创新主体地位。采用“公司＋研究院＋联盟”的运营模式，依托国内外知名高校资源及产业链上下游多家企业，引进高端研发人才，打造高水平的微纳传感技术创新高地。建设MEMS（微机电系统）技术研发、数据驱动与算法研发、纳米材料研发等多个研究中心，将投资建设一条包含设计、仿真、光刻、刻蚀、沉积、封测等完整工艺的芯片研发实验线，开展6大类MEMS传感器芯片及集成产品、精密仪器的研发和批量生产。积极参与“山东省微纳传感技术与智能应用创新联盟”建设，担任联盟秘书长单位，在芯片设计、传感器封装测试、系统集成应用等领域，与其他成员单位对接创新资源和产业资源，实现成员间优势互补与协同发展，推动山东省微纳传感产业不断发展和进步。

（四）助推产教协同发展，多层次培养产业急需人才。采取多种方式开展人才联合培养，与西安交通大学共建现代产业学院，依托西安交通大学全国重点实验室组织微纳传感技术进修学习,与天津大学合作开展研究生定向培养,与烟台大学、鲁东大学等共建实训基地。推荐优秀研发技术人员到高校攻读“工程博士”学位,选派多位研发技术人员及高管受聘担任高校“企业导师”,促进校企协同育人,多层次为山东省培养产业发展急需的研发人才。

(五)联合承担国家科技专项,合作开展技术攻关。发挥产学研合作优势,组织参与实施“高精度硅压阻式高温压力传感器”“MEMS多力学量传感器模组及其应用示范”等多个国家重点研发计划项目。在研发项目立项时,强化企业市场调研,确保项目研发目标符合市场需求。在项目组织实施过程中,高校和企业共同组成项目技术攻关小组,共享院校实验室、企业公共研发平台等研发设施,保障技术攻关按期推进实施。合作开展的技术攻关项目所产生的成果优先进入企业进行应用示范和产业化,加速成果转化。组织开展关键技术攻关33项,其中“500帕微压传感器”实现进口替代,在医用微差压传感器芯片、氧化锆氧传感器芯体、石墨烯基气体传感器芯片等领域技术水平走在全国前列,参与省级以上科研项目21项(其中国家级11项),申报各类专利、软著共111项。

(六)举办高水平行业活动,吸引国际化人才集聚。连续举办四届“中国大学生微纳传感技术与智能应用大赛”,推动大赛入选“全国普通高校学科竞赛排行榜”,作为教育部认可的57项全国性大学生竞赛项目之一,累计吸引北京大学、西安交通大学、中科院微电子所等全国25个省份129所高校及科研院所723支团队参赛。在大赛全国总决赛期间,举办“中国烟台微纳传感技术与智能制造院士论坛”“微纳传感与智能制造学术论坛”“MINE微系统与纳米工程青年科学家论坛”等系列活动。自2019年以来,连续成功举办四届院士论坛,累计邀请中国工程院、中国科学院、欧洲科学院等国际国内23位院士出席。“赛坛会”系列活动已日益成为业界最具权威性的行业高端活动,吸引行业各类创新人才向山东省聚集。

三、经验启示

明石创新在引导微纳传感技术和智能应用方面不断创新,持续提升自身产业能级，给我们在企业引领产业创新发展方面带来了诸多经验启示。一是坚持顶尖人才引领发展。通过共建研究院、联合实验室、院士工作站等方式，联合多支由国内外院士领衔的科研团队，共同开展研发攻关和成果转化，纵深推进产学研深度融合。二是突出企业创新主体地位。深耕核心技术领域突破发展，以核心技术攻关为创新源头，引领行业发展升级，进一步提升产业链价值。瞄准市场最新需求，重点对细分产业领域进行技术赋能和资本赋能，推动产业发展升级。三是扩大行业社会影响力。积极举办行业内顶尖赛事、高峰论坛、学术会议等活动，加大活动宣传力度，进一步提升产业技术的影响力与企业声誉度，为产学研用深度融合提供更大的交流平台。

深化人才引领　加速创新驱动
高质量建设烟台市人才集聚节点核心区

一、背景动因

2023年12月，烟台市委人才工作领导小组印发《烟台市人才集聚节点建设方案》，将烟台经济技术开发区作为核心区纳入节点建设。当前，烟台经济技术开发区正处于国家级开发区、自贸区和省级新区三区叠加的战略发展机遇期，具有产业基础雄厚、平台能级突出、科教资源聚集等基础优势，但也存在人才结构性矛盾尚未彻底扭转、人才政策效能释放不够充分、人才保障服务需持续提升等发展问题。高质量建设烟台市人才集聚节点核心区，是贯彻落实省、市工作要求，探索解决人才发展面临的问题的重要举措，对加快建设区域人才中心和创新高地具有重要意义。近年来，烟台黄渤海新区（经济技术开发区）全面推开人才集聚节点建设，持续激发创新创造活力，推动战略重点人才量质齐升、高能级平台增容扩围、创新创业生态焕新升级，全区人才资源总量超过23万人，累计合作院士等顶尖人才32人，引育国家级人才190人、省级人才150人、烟台市“双百计划”人才107人；万华化学技术攻关团队入选国家首批卓越工程师团队，为全省唯一；2名人才分别荣获第二届“齐鲁杰出人才奖”和“齐鲁杰出人才提名奖”，1名人才荣获山东省科学技术最高奖。

二、主要做法及成就

（一）做好人才引育文章，人才集聚成效进一步显现。一是聚焦前沿拼抢顶尖人才。围绕构建“5+2”现代化产业体系，坚持实施全员招才引智，组织发动全区部门单位开展“项目+人才”一体化引进，近3年累计柔性引进海内外院士和国家级人才102人。二是自主培育壮大领军人才。支持引导企业积极申报国家重点人才工程、省泰山人才工程和烟台市“双百计划”，近3年自主培育国家级人才16人；培育省级泰山人才56人。聚焦全区“5+2”主导产业，累计培育取得先进创新成果、拥有自主知识产权、产业化前景广阔的创新创业领军团队48个、科技领军人才82名。三是内引外联广纳海外英才。发挥烟台留学人员创业园等海归创业人才载体的引才优势，持续加大外国专家引进服务力度，推动实现外籍人才工作、居留许可“一站办理”，落地日韩签证中心等，年均引进外国专家和海外留学人员280人，累计引进1800余人。四是校地协同延揽青年人才。开展“新青年OFFER季”行动，充分发挥企业引才主体作用，常态化组织开展“百企进百校”“名企名校行”等青年人才专属就业服务活动；实施“情聚业达·青春无忧”青年人才集聚工程，设置“青年人才驿站”和“就业服务小站”，近3年累计引进青年人才3.24万余人。五是产教融合锻造技能人才。细化企业新型学徒制培训和“金蓝领”项目培训，打造职业技能竞赛新模式，近3年新增高技能人才4500余人。

（二）建强人才发展平台，创新驱动效能进一步提升。一是打造科创空间体系。高标准建设环磁山国际科研走廊，北大—万华联合研究中心挂牌成立，环磁山国际科研走廊创新园圃建成投用；高层次打造黄渤海新区科教创新区，黄渤海实验室在全省10个省实验室中率先投入运营，亚欧现代海洋产业技术及装备研究院、山东产业技术研究院（烟台）加速建设，烟台科技学院等2所院校投用，全区在校培养人才达1.5万人。二是完善科创平台布局。深化“科创平台六大体系”建设，国家微纳制造业创新中心成功获批，成为烟台市首家、全省第三家国家级制造业创新中心；烟台光电显示材料研发测试公共服务平台启动运营，填补国内空白；中日韩创新合作中心加快落地。组建科技创新生态联盟，探索打造中小企业技术快响中心，鼓励联合开展基础和关键核心技术攻关。按照“转化—孵化—产业化”链条，更新改造业达慧谷留学生创业园，在上海等地设立科创离岸基地，培育打造标杆孵化器。三是做大科创企业方阵。建立创新型企业培育遴选机制，打造“龙头企业＋中小企业＋高校/科研院所”联合创新体，推动技术共享与产业链协作，推动省级以上专精特新企业突破350家，高新技术企业突破850家，备案科技型中小企业1400余家，高新技术产业产值占比30%以上，实现从“单点突破”到“集群崛起”的跨越式发展。

(三)提质人才服务生态，创新创业活力进一步迸发。一是完善人才政策体系。升级留学人员创业扶持办法，给予创业人员50万—150万元的创业启动资金扶持；出台集聚青年人才来区就业创业“十条措施”，构建起贯穿青年人才引进、培养、激励、服务的全链条；制定实施深化校企合作若干措施，聚焦人才集聚、协同创新、产才对接等需要重点加强和提升的领域，充分发挥高校在人才引育、基础研究和创新成果转化等方面的优势，服务全区产业高质量发展。二是提升人才服务品质。推出“人才业达”云服务平台，人才“足不出户”即可享受89项专属服务，“人才业达”云服务平台入选山东自贸试验区首批创新案例并在全省推广。建设人才品质社区，高标准建成业达智谷青年人才社区、万华化学绿色低碳人才中心，为4000余名人才提供高端配套服务。将人才子女自主择校服务权益进一步扩大到博士，解决人才后顾之忧。创新推出高端人才车辆租赁项目，惠及40位高层次人才。按照人才层次，分类推出“业达人才码/青才卡/阖亲卡”，涵盖20类近500项“吃住游娱购”服务，服务人才数量近万人。三是营造爱才敬才氛围。举办八角湾创新大会、中国大学生机械工程创新创意大赛、“新动能”产才对接会等系列品牌赛会活动，集聚30余位院士、100余位国家级领军人才来区开展技术对话与合作交流；组织开展“业达遇见你”青年人才交友、高层次人才“魅力体验日”等系列人才活动，让人才沉浸式感受新区优质发展环境。大力弘扬科学家精神、企业家精神、工匠精神，连续举办三届评选，评选出“业达杰出人才”17名、“优秀人才工作者”25名，累计评选“业达工匠”54名，广泛营造尊重人才、崇尚创新、鼓励创业的浓厚氛围。

三、经验启示

实践证明，高质量建设烟台市人才集聚节点核心区，必须牢牢抓住“四个关键”。一是抓住坚持党管人才这一提升统筹力的关键。人才集聚节点建设必须有统一的主导力量。坚持党管人才,就是要在党的统一领导下,系统谋划人才集聚节点顶层设计,形成自上而下的建设路线图,统筹推进战略人才力量、一流平台载体、创新创业生态各项目标任务,这是抓好建设人才集聚节点核心区的核心和关键。二是抓住强化人才引育这一提升竞争力的关键。人才集聚节点归根结底是要集聚人才,占据人才优势,拥有竞争和发展的主动权。必须把战略人才力量放在优先位置,构建一支数量充足、结构合理、素质优良的人才梯队,把人才优势转化为发展优势,提升发展竞争力。三是抓住建强平台载体这一提升创新力的关键。一流平台聚一流人才,一流人才促一流发展。必须积极为人才打造创新平台,支持企业与高校、科研院所合作,共建科研平台,联合开展技术攻关和成果转化,提升人才创新活力,推动更多优质科技成果转化为现实生产力。四是抓住涵养生态沃土这一提升软实力的关键。事业是感召力,环境是吸引力,服务是凝聚力。必须在改善“软环境”上持续下功夫,营造爱才敬才的浓厚氛围,做到政治上关心、事业上支持、生活上保障,有效解决人才干事创业后顾之忧,以最好的服务、最优的环境、最大的诚意留住最需要的人才。

建设龙口国际科创人才港
打造人才引领县域高质量发展龙口样板

一、背景动因

龙口市坚持人才引领发展的战略，树牢“人才是第一资源”理念，全面实施“助才成龙”计划，推动教育、科技、人才、产业一体布局，积极探索适合龙口发展特点的人才集聚、产才融合发展路径，三次被山东省委、省政府授予“人才工作先进(表现突出)单位”，入选首批山东省人才引领县域高质量发展试点城市、山东省青年人才首选城市。围绕加速推进人才链、教育链、产业链、创新链深度融合，龙口市以入选省人才引领县域高质量发展试点城市为契机，坚持国际化视野、专业化思维、集群化路径，高标准规划建设龙口国际科创人才港，整合高校院所、骨干企业、产业园区等各类要素资源，设置科创赋能区、成长培育区、成果转化区、生活休闲区、双创基金岛等5大功能区域，着力创建教育、科技、人才一体化发展先行区及四链融合发展示范区、人才引领县域高质量发展样板区。

二、主要做法及成效

(一)以科创赋能为牵引，高效能激活“创新链”。高能级科创平台是集聚人才的强磁场、创新创业的策源地。人才港多措并举搭建人才科创“试验田”，激发人才创新创造活力。

一是打造顶尖科研阵地。以东海科技孵化产业园为核心，开设100套科研设备共享共用，设置1000个工位组建创客空间，配套完善人才公园、人才会客厅、人才综合服务中心、光影空间、悦动空间等基础设施，打造创新“主引擎”、创业“综合体”。

二是筑强科研转化堡垒。牵手“双一流”高校北京化工大学共建烟台研究院，靶向高端化工、新材料、生物医药等方向，采取“新型高端研发机构＋工程转化基地＋研究生实训基地＋专业研发平台”建设模式，提供高能级动力源。联手工信部组建赛迪科创成果转化中心，推进华东科创成果转化大数据平台建设，聚焦新一代信息技术、新能源新材料、高端装备制造等战略性新兴产业，搭建集人才培养、技术研发、项目孵化等于一体的“一站式”成果转化载体。

三是构建企业赋能平台。服务企业平台提档升级，完善创新创业平台集群建设，建成省级以上人才科创平台116处，其中，博士后科研工作站（创新实践基地）14处，推动全市120余家企业与国内重点高校院所、科研机构建立长期合作关系，数十家企业在国内外设立研发中心，推动科研成果向产业应用转移。

（二）以内外联动为支撑，高质量夯实“教育链”。培养造就德才兼备的高素质人才队伍，是发展新质生产力的动力源泉。人才港着力加强产教联合培养，打造覆盖领军人才、卓越工程师、高技能人才等群体的全链条培育体系。

一是产教互联共育。组建龙口市化工产业人才培育联盟，首批遴选北京化工大学、山东科技大学等30所化工类院校以及裕龙石化、道恩集团等18家重点化工企业作为联盟成员单位，实现人才引育“直达互通”。建立“成长导师”机制，由领军人才担任成长导师，带领青年科技人才加速成长，全面提高人才培育水平，目前已培育国家级、省级、烟台市级领军人才30余人。

二是工学互嵌联育。高水平建设山东工商学院龙口校区，统筹推进教育、科技、人才一体化发展；支持驻龙高校——烟台南山学院建设高水平应用型大学，成功获批烟台市重点实验室，与10余个国家40余所高校合作开展人才联合培养，校企共建15个产业学院，高端铝材料、纺织材料等3个产业学院获批省级产业学院;建立校企协作“环岛”机制,选派165名高校学者赴企联合开展科研攻关,选聘31名产业教授到企业发展一线教学;设立专项奖学金,由企业委托“双一流”高校定向培育人才,与中南大学、北京化工大学等近10所高校开展合作,培育人才200余人。

三是学岗互通培育。推进2家职业院校、50家“链主”“专精特新”企业产教融合,创新中德“双元制”合作办学模式,推进“冠名班”“订单式”培育模式,向港内企业精准输出500余名高技能人才。

(三)以产才融合为突破,高起点升级“产业链”。人才只有围绕产业转,产业才能依靠人才兴。人才港打破“就人才抓人才”单一布局,持续做好“人才+”文章,构建起“大人才”工作格局。

一是强化最有力度的顶层设计。实施“助才成龙”计划,构建“顶尖人才亿元支持、创业人才千万托举、青年人才百万资助、工匠人才十万奖励”政策体系。推动产业布局与人才发展同步规划,围绕服务全省新旧动能转换标志性工程——裕龙岛炼化一体化项目(一期)正式投产,制定出台《关于支持裕龙岛(裕龙石化项目)打造高端化工人才集聚区的若干措施》《裕龙岛(裕龙石化项目)人才引育服务工作方案》,聚焦人才引育、创新平台、科研攻关、人才服务等领域研究制定13类针对性政策、举措,服务裕龙石化新集聚各类人才5000余人。

二是开拓最富成效的融合路径。承办人力资源和社会保障部“产才融合对接大会”等活动20余场,邀请100多名院士专家对接洽谈,达成合作50余项;累计发布“揭榜挂帅”重大需求22项,总额6.27亿元,助力企业突破关键核心技术;组建产业链专家服务团,成功引进浙江大学、哈尔滨工业大学等高校15名专家教授担任企业“科技副总”,采取项目合作、技术“联姻”等合作模式,用活用好人才;与西安交通大学、华南理工大学、山东科技大学等高校签订合作协议,新建成果转化中心、联合实验室等合作平台16处,达成合作25项;组建“政企联合招聘团”,开展“百校千才龙口行”“百企千岗高校行”等系列活动,先后组织港内80余家重点企业赴北京化工大学、山东理工大学等省内外高校开展专场招聘,集聚青年人才7500余人。

三是打造最具活力的产业高地。依托航空材料产业园,组建行业内全国唯一工程技术研究中心，助力国产大飞机C919逐梦蓝天；依托新材料科技产业园，突破“卡脖子”技术，建设国内首条TPV(热塑性硫化橡胶)生产线；依托东海生命科学产业园，构建医药“国产”替代“进口”产业创新示范基地；依托数字经济产业园，为12家工业企业打造数字化转型升级方案，服务企业降本增效1670万元/年。

(四)以“近悦远来”为目标，高品质服务“人才链”。吸引人才、留住人才，比优厚政策更暖心的是服务，比真金白银更实际的是诚意。人才港坚持“心服务•才满意”品牌理念，构建“类海外”人才发展生态。

一是抓好人才“关键事”。矩阵式构建“线上互联＋线下专员”联动服务体系，优化“专员式、专班制、数字化”服务模式，聚焦高端化工新材料、高端铝材料等重点产业企业，配备服务专员700余人，开展专题培训，助力企业人才引育、科技创新、服务优化；组建6支人才项目基金，总额34.35亿元，为人才创新创业提供坚实的金融保障。

二是做好人才“身边事”。开通人才公交专线，实现全员全域免费；借势潍烟高铁通车，实现半小时抵达机场、高铁、港口，畅通“海陆空”立体交通网；扩容“人才龙口服务联盟”，累计遴选优质服务供应商300余家，为人才提供“吃住行游购娱医教养”领域专属服务510余项；常态化开展人才“礼遇季”系列活动，面向高层次人才推出免费观影、住宿、畅游“大礼包”；创作《人才龙口》微电影，依托微信、抖音等新媒体，在高校院所等人才集中区域精准投放；打造龙口人才工作动漫IP形象，“龙龙”“coco”服务形象深入人心。

三是办好人才“心头事”。分区域网格化布局人才公寓，举办安居节，塑强“龙易居”品牌内涵；升级国际学校，提供“K12”全学段双语教育；打造“人才赋能中心”，常态化开展青年人才婚恋服务“龙凤计划”、畅享龙口服务季、爱国奋斗专题研修等活动80余场，用心用情增强人才获得感、归属感和幸福感。

三、经验启示

(一)彰显人才制度优势，是吸引集聚各类人才的基础。深化人才发展体制机制改革,是构筑人才制度优势、实现高质量发展的战略之举。人才港坚持党管人才,完善组织部门牵头抓总,职能部门各司其职、密切配合,社会力量广泛参与的人才工作格局,推动驻龙高校与产业发展互融互促,建立以成果为导向的产才融合发展模式,创建人才体制机制改革"龙口经验"。

(二)推动产才深度融合,是释放人才引领效能的关键。只有找准产才融合的契合点,才能充分发挥人才的智慧与才能,最大限度释放以产聚才的虹吸效应。人才港聚焦产才融合发展,深化与高校院所的产学研合作,共建成果转化中心、实习实训基地等平台载体,全方位构建以产引才、以才兴产、产才融合的工作格局,走出产才融合发展的"龙口路径"。

(三)优化人才服务生态,是留住用好各类人才的保障。环境好,则人才聚、事业兴,良好的人才生态对于人才集聚至关重要。人才港科学布局产业、安居、教育、医疗等7大类功能设施,打造综合功能型国际人才社区,最大限度释放人才创新创造活力,让人才在龙口工作安心、生活舒心、发展顺心,擦亮人才服务生态"龙口名片"。

推动院士“流量”变“留量”
助力航空航天产业高质量发展

一、背景动因

习近平总书记高度重视航天事业发展，指出“航天梦是强国梦的重要组成部分”。在国家大力发展航天事业的背景下，海上发射已成为我国航天发展重要方向。2019年，长征十一号固体运载火箭以海阳港作为发射母港，圆满完成我国首次海上发射任务，填补了我国运载火箭海上发射的空白。海阳市抢抓机遇，全力打造全国首个海上发射母港——东方航天港。引入火箭发射产业后，面对产业配套不足、人才引进困难等问题，海阳市积极探索“院士经济”发展模式，对接引进武汉大学李德仁院士，通过建立长效合作机制，将院士的短期技术指导转化为长期产业赋能，助力航空航天产业高质量发展。目前，海阳市已落地航空航天产业项目29个，总投资约278.3亿元，成功保障海上发射16连捷，累计将93颗卫星送入太空，接连实现我国固体运载火箭首次海上发射、首次海上商业应用发射、首次“一站式”海上发射、首次近岸海上发射、首次海上热发射、民营火箭首次海上发射、首次远距离机动发射等多项突破。2024年，组织保障的海上发射任务占全国全年火箭发射次数的8.8%，成为我国现有航天发射体系的重要组成部分，“运载火箭海上发射母港”品牌影响力持续提升，为我国航天事业发展贡献“海阳力量”。

二、主要做法及成效

（一）精准对接：产业需求链接院士资源。院士是各领域科技发展的开拓者、领航人，拥有比较丰富的项目资源、人脉资源。海阳市吸引院士合作，关键在于实现产业需求与院士资源的精准对接。

一是抢抓机遇，布局航天产业。海阳市抢抓我国首次海上发射成功机遇，迅速规划布局航空航天产业。聘请航天科技十二院和兵器五院编制东方航天港产业园区规划，着力构建以海上发射技术服务港为核心，航天产业制造园区、航天产业配套园区、航天应用文旅园区协调发展的"一港三区"格局，全力打造国内首个集海上发射、星箭产研、航天配套、空天信息应用、航天文旅于一体的全产业链布局的商业航天产业集群。

二是凭借优势，引聚院士团队。海阳市在谋划产业之初，聚焦国家重大需求、创新引领和大院大所三大原则，确立其航空航天产业地位。恰逢李德仁院士团队为实施"东方慧眼"智能遥感星座及试验卫星发射寻求合作伙伴。海阳市主动对接李德仁院士团队，充分展示东方航天港的产业布局与发展潜力，成功促成"东方慧眼"智能遥感星座落户海阳。

三是深化合作，传播院士品牌。围绕"东方慧眼"智能遥感星座建设，推动组建陆海空间(烟台)信息技术有限公司作为项目投资、建设、运营主体。目前，星座核心技术已完成在轨科学实验，多颗卫星处于设计论证、研发制造阶段。同时，积极利用各类航天产业论坛、学术会议以及媒体平台，大力宣传李德仁院士在海阳的科研成就与产业贡献，实现海阳航空航天产业与院士品牌深度绑定。通过授予其"战略性新兴产业培育突出贡献奖"，有效提升了海阳航空航天产业在国内外的知名度与美誉度。

(二)全维保障:支持体系转化院士"留量"。为将院士"流量"稳稳转化为"留量"，海阳市立足航空航天产业发展需求，构建起全方位、多层次的保障支持体系，推动产业高质量发展。

一是健全协同推进机制，筑牢发展根基。海阳市持续强化沟通协调与请示汇报，成功推动省市两级成立由政府主要领导挂帅的专项工作协调机制，并促使省级层面出台东方航天港建设专项实施意见，从顶层设计层面为产业发展提供坚实的政策保障。同时，设立航空航天产业发展中心，专职解决项目建设中的各类矛盾问题，形成"省市县三级联动、上下贯通、多方协同"的高效工作闭环，为东方航天港建设按下"加速键"。

二是完善人才培养机制，厚植创新沃土。发挥国家级重点人才工程和泰山人才工程作用，海阳市以重点企业、高能级科研机构和重大创新平台为依托，围绕航空航天核心创新领域，建立精细化人才培养台账，实施项目化推进模式，精准培育高层次人才，目前已累计培养省级以上领军人才5人。深化校地合作，积极与高校、科研机构共建产学研用创新平台，构建校地联合培养、高校联合培养等多元化协同育人长效机制，实现人才培养、科学研究与产业发展的深度融合。

三是强化金融配套服务，赋能产业升级。依托烟台国丰集团"资本赋能"优势，推动成立总规模20亿元的航空航天产业基金，打造"园区＋资本＋产业"协同合作机制。充分发挥私募股权投资(PE)与政府引导基金的优势，通过"政府引导＋市场化运作"双轮驱动，有效实现资源链接。采取以投带引、招投联动模式，形成发射链、火箭链、卫星链、文旅链等重点产业链条多点突破、全面发力的良好发展态势。

（三）全域联动：平台引擎驱动港产腾飞。海阳市以东方航天港为战略核心，持续强化园区平台建设，深度激活院士"留量"创新动能，通过全方位、多层次的产业布局与平台搭建，加速构建商业航天产业发展新格局。

一是筑巢引链，打造产业集聚新高地。海阳市以海上发射为牵引，加码布局航空航天产业，引进山东长征火箭、星河动力等商业火箭公司，九天行歌、宇航装备等航天配套企业，落地陆海空间、最终前沿等卫星研制、配套集成及应用领域公司，建成国内单体最大的沉浸式航天科普体验馆，"火箭链—卫星链—文旅链"全产业链布局的商业航天产业集群初具规模。航空航天产业集群入选山东省战略性新兴产业集群，东方航天港荣获"商业航天最受欢迎落地园区奖"。

二是聚智赋能，构建科创融合新生态。海阳市秉持"培育与打造并重"理念，按照"一领域一平台"的原则，系统推进科创平台建设。通过政策引导与资源整合，积极鼓励企业申报创新平台，将产学研深度融合作为科技创新的核心驱动力，先后成立山东省海上航天装备技术创新中心、山东省运载火箭海上发射与回收复用技术创新中心、烟台市运载火箭海上发射及可重复使用技术重点实验室等一批高能级科创平台。东方航天港获批全省科技成果产业化基地试点。

三是锚定目标,筑牢科研人才强根基。高标准建成并实体化运营东方航天港研究院,常态化引进卫星与载荷研制、卫星星座建设与智能服务、开放地球引擎与遥感应用、海上航天技术、火箭技术等方向的人才。目前已初步形成覆盖科研、管理、技术等多维度的专业人才梯队,引进的43名人才中,硕士及以上学历占比达90.9%,为航天港发展提供了坚实的人才支撑。

(四)聚势强基:服务生态激活院士"留量"动能。海阳市以推动院士"流量"向"留量"深度转化为核心目标,全方位构建院士团队扎根发展的立体化生态体系,让"智力资源"真正转化为产业升级的持久动能。

一是建立服务机制,护航企业发展提速。海阳市全面发挥服务企业专员制度作用,及时了解企业需求,为项目提供全程陪办、按需帮办、及时跟办、协调督办的全流程"保姆式"服务,全力推动项目早落地、早投产。探索"邻企合作模式",强化园区落地企业综合配套集成,降低企业生产成本,切实激发企业创新活力和产业发展动能。

二是深化交流机制,激发院士"留量活"力。海阳市围绕航空航天产业发展,连续多年举办东方航天港产业发展大会等高端会议,以学术研讨、项目合作、成果展示为纽带,先后与20多家企业、机构建立合作关系,与9名院士建立工作交流机制。同时,深入落实党委联系服务专家制度,将李德仁、龚健雅等院士专家纳入联系服务范围,常态化问候、问情、问需、问策,营造识才爱才敬才用才的良好社会氛围。

三是完善配套设施,打造人才安居港湾。海阳市坚持"以人为本"理念,统筹规划居住、教育、医疗、文化等综合功能设施,为人才提供精细化生活服务保障。高标准建成376套航天人才公寓,每个房间配备独立卫浴、宽带、空调、冰箱等设施,实现人才"拎包入住";提速航天医院、航天小学等配套项目建设,建成后预计可提供医疗床位1200个、新增公办学位1600余个,全面满足人才及家属在医疗、教育等方面的需求,让人才安心扎根、舒心生活。

三、经验启示

海阳市将深植院士战略资源,深度挖掘院士团队的创新潜力与品牌价值，聚力推动“东方慧眼”等项目产业化裂变，加速构建“人才—产业—城市”共荣新生态，激发高质量发展新动能。

（一）院士赋能，构建产业发展新生态。充分发挥李德仁院士品牌效应与资源整合优势，依托“东方慧眼”智能遥感星座项目，持续吸引上下游企业围绕院士项目布局，加速产业集聚。借势院士影响力，高效汇聚资金、技术、人才等关键要素，完善产业链条，提升整体实力，实现从人才“流量”向产业“留量”的深度转化。

（二）院士领衔，激活产业创新强引擎。深化与武汉大学及李德仁院士合作，加速提升东方航天港研究院运营效能。重点在空天信息领域突破国家级平台建设（全国重点实验室、国家技术创新中心等），力争“东方慧眼”项目获国家支持。同步打造成果转化基地、研究生实践基地，并依托航天产业基金设立研究院子基金，成立产业运营公司，推动商业模式创新与成果应用示范。

（三）院士助力，开创产城融合新格局。借助与李德仁院士合作契机，围绕航空航天产业核心需求，提速建设航天生活服务组团。着力构建涵盖航天中小学、航天医院、体育中心、商业配套、人才公寓的“15分钟高品质生活圈”，提供五星级服务保障。同时，启动规划国内首个集发射观礼、科普教育、研学营地于一体的大型航天文旅综合体，辐射引领山东省航天文旅产业全面高质量发展，实现产业发展与城市建设协同共进。

立足优势　聚才兴业
全力打造汽车产业人才集聚小高地

一、背景动因

福山区作为烟台市汽车产业链领建区，依托“国家火炬计划汽车零部件产业基地”优势，面对传统汽车产业转型压力与新能源汽车人才结构性短缺问题，以“培强万名人才、打造千亿产业”为目标，在改革人才机制、搭建引育平台、构建一流环境上精准发力。通过出台“一事一议”引才政策、建设8.6平方公里新能源汽车产业园、联动高校企业搭建创新平台等举措，累计引进顶尖人才团队10个，培育技能人才超1.1万人，建成市级以上创新平台130个，助力全市汽车产业产值突破千亿元，跻身全省特色产业集群，先后荣获山东省“工业强县”“科技创新强区”等荣誉称号。相关经验为传统产业转型地区提供了“产才融合”的可复制路径。

二、主要做法及成效

（一）突出“三个重点”，聚力引进产业急需人才。紧盯国家火炬计划汽车产业基地发展定位，坚持以才兴产、多点发力，着力提升人才集聚效能。

一是构建全链条政策支撑体系。针对汽车产业链高端人才稀缺、传统企业引才能力不足等问题，福山区出台“智汇福山•创新赋能”政策包，包含顶尖人才“一事一议”、领军人才百万元资助、技能人才专项培育等7个配套文件。建立覆盖动力电池、智能网联、氢燃料等12个领域的动态人才需求目录，对引进的国家级人才给予最高1000万元奖励，对企业自主培育的省级领军人才配套50万元资助。目前，已累计兑现奖补资金1300余万元，激励38家企业新增引才岗位800余个，推动博世华域、正海磁材等企业组建海外研发团队。

二是打造专业化产业聚才平台。投资13.8亿元建设8.6平方公里新能源汽车产业园，配套9.2万平方米创新中心，构建“创新创业—孵化加速—总部上市”全生命周期平台。目前，园区引入中质国检国家级检测中心、创明圆柱锂电池等12个项目，吸引大学生3200余名、硕博人才400余名，形成“研发设计—中试转化—生产制造”产业闭环。2024年，园区产值达48.5亿元，较2021年增长40倍，成为全省新能源汽车核心零部件集聚地。

三是探索项目化引才路径。以重大项目为抓手，推行“引进一个项目、落地一个团队”模式。总投资560亿元的潍柴弗迪新能源动力产业园落地后，同步引进中国管理科学学会18人专家团队，联合制定汽车产业链团体标准12项，推动项目入选山东省首批“产业大脑”试点。2023年以来，该园区先后引进落户中质国检、创明圆柱锂电池、安瓦半固态电池等重点项目10余个，总投资773亿元，储备专业人才1000余人，其中硕士以上学历占比15%，填补了烟台市“三电”领域人才空白。

（二）坚持“三方联动”，聚力培育产业支撑力量。发挥汽车产业集群比较优势，紧贴产业链布局人才链，积极构建“塔尖”高、“塔身”壮、“塔基”牢的完备人才梯队。

一是坚持校地赋能，构建高端智力协同网络。围绕拉高“塔尖”，与南京航空航天大学单忠德院士合作，引入百人“博士团”，筹建智能制造技术与装备国家级创新中心、先进复合材料国家级检验检测中心和国家级智能制造装备中试验证基地。聘请北京大学、武汉大学专家担任汽车产业“招才大使”，与高校联合开展“卡脖子”技术攻关，申报科技重大项目近百个，被山东省人社厅列为在“四链融合”中发挥核心支撑作用的县市区。

二是坚持强企联合，激发企业育才主体活力。围绕培壮“塔身”，鼓励“头部”企业牵头组建创新联合体，与33名汽车领域专家合作，完成课题研究40余项，企业创新能力大幅提升。其中，博世华域与清华大学合作开发电动转向系统,生产效率提升20%。近年来,全区汽车企业累计完成课题研究40余项,新增国家专精特新“小巨人”企业3家、省级瞪羚企业29家,市级以上创新平台突破130个,企业研发投入年均增长2.3%。

三是坚持多维育才,构建多层次技能人才梯队。围绕筑牢“塔基”,全面加大本土人才培育力度,依托烟台汽车工程职业学院、烟台城市科技学院,开设新能源汽车技术、智能网联等28个专业,建立“招生—培养—就业”定向机制。与33家企业共建22个实训基地,开展新型学徒制培训1200人次,累计为本地企业输送紧缺技术工人超500人,培养了一批数量可观、技能精湛的“福山造车工匠”。

(三)优化“三项服务”,聚力营造留才良好生态。以“信任人才、尊重人才、善待人才、包容人才”为指引,引用服并重、软硬件齐抓,努力打造“市内一流”的人才环境。

一是优化包联服务,建立全周期跟踪机制。深入推行党委联系服务专家制度,25名区级领导、59名科级干部包帮207家汽车产业链上企业,为人才提供政策申报、项目对接等“一对一”服务,常态联系、排忧解难。区领导带团赴“汽车之城”长春等地开展推介,面向“双一流”高校选拔紧缺人才58名。

二是优化专属服务,完善立体化保障体系。大力推进人才公寓建设,新筹集优质房源351套,满足汽车项目人才住房需求。连续三年举办“四季暖才•聚福同行”系列活动,清单式推出人才相亲、健康体检、子女研学行等暖心服务,涵盖医疗绿色通道、子女入学优先等100余项服务。

三是优化激励服务,打造多元化奖励矩阵。优先推荐各层次人才为人大代表、政协委员、劳动模范,公开选树福山工匠20人、福山技术能手40人、高技能人才1375人,发放人才奖励资金2800余万元。目前,全区汽车领域人才资源总量达到2.7万人,其中专技人才、研发人才、经管人才占比超过80%,形成了人才引领汽车产业、汽车产业集聚人才的良性循环。

三、经验启示

(一)产才融合是产业升级的核心逻辑。坚持“产业链与人才链同频共振”，通过“链长制＋人才专班”机制，将人才需求纳入产业链规划评审环节，实现“引进一个项目、设计一个人才方案、搭建一个创新平台”。例如，潍柴弗迪项目落地前即制定《新能源人才专项规划》，同步建设研发中心与人才公寓，确保项目投产即实现人才满编配置，为传统产业转型提供了“人才先行”的实践范式。

（二）平台载体是人才集聚的关键支撑。高能级平台兼具“引才磁场”“转化效能”双重作用。福山区通过“政府主导建平台、高校赋能强研发、企业主体抓转化”模式，将南京航空航天大学等科研资源与本地产业需求精准对接，建成国家级创新中心3个、省级研发平台12个，推动产学研合作项目转化率提升至65%，破解了中小企业“有需求无能力”的技术瓶颈。

（三）生态营造是留才聚才的重要保障。留住人才不仅依赖物质保障，更需情感认同与价值实现。福山区通过“服务联盟＋荣誉体系＋资本支持”组合拳，构建“引才—育才—用才—留才”闭环，打造“四季暖才•聚福同行”人才服务品牌，充分发挥人才工作小组成员单位作用，按照“一季度一主题”，系统谋划健康体检、子女研学行等系列活动，以多元服务增强人才黏性。

下一步，福山区将以“链长制”为抓手，聚焦新能源汽车与智能网联领域，打造“一核三带”产业格局。以8.6平方公里新能源汽车产业园为核心，在氢能技术、智能网联、商用车领域分别布局人才创新带。依托南京航空航天大学等平台，新建20个市级以上创新平台，引进10个领军团队，培育1.5万名技能人才。深化“政策＋平台＋服务”体系，扩大人才公寓至500套，升级“智汇福山•创新赋能”行动，依托产业会客厅常态化举办沙龙活动。到2026年，力争汽车产业产值突破1500亿元，新能源汽车配套企业达150家，建成省内领先的汽车产业人才高地，为烟台“百万辆汽车产业城”目标提供核心支撑。

向“技”求质　沿“链”聚才
打造葡萄与葡萄酒产业技能人才新高地

一、背景动因

技能人才是支撑中国制造、中国创造的重要力量。作为世界七大葡萄海岸和中国十大酿酒葡萄产区之一，蓬莱区拥有标准化种植酿酒葡萄基地8万亩，拥有中粮长城等葡萄酒生产企业58家，落户拉菲珑岱、君顶、逃牛岭等精品酒庄33个，建成山东省葡萄酒工程技术研究中心等省级创新平台22个，被评为中国葡萄酒名城、中国葡萄酒产业融合发展示范区等。随着我国对外开放水平不断提升，消费者对葡萄酒的认知度和需求度不断提高，葡萄与葡萄酒产业面临技能人才短缺、院校资源有限等问题，种植技术、酿造工艺急需突破技术壁垒。蓬莱区立足葡萄与葡萄酒产业体系完备优势，通过专业化引才、多元化育才、高端化服务等有效手段，蹚出一条独具特色、富有成效的技能人才发展之路，累计引育葡萄与葡萄酒领域技能人才300余人，其中国家一级品酒师22名，国家级葡萄酒评委15人，占全国10％、山东省50％，全面助力葡萄与葡萄酒产业高质量发展。

二、主要做法及成效

（一）构建多元化培育体系。深化产教融合、以赛促培，开展订单式培养、竞赛式培训，打造葡萄与葡萄酒产业技能人才培养新矩阵。

一是推动产教融合。创新定制教育及校中企、企中校等培养模式，依托烟台科技学院成立省内第一家学历教育的专业葡萄酒学院，目前葡萄酒相关专业在校生达5000人，先后培养输送一、二、三级品酒师800余人。引导中粮长城、君顶酒庄、国宾酒庄等葡萄酒龙头企业，与西北农林科技大学、上海交通大学等建立技能人才产教融合培养基地，开展定向班5个，共同培育葡萄与葡萄酒专业人才150余人。

二是开展以赛促培。出台职业技能竞赛专项管理办法，每年专题举办葡萄酒品酒师技能大赛，通过岗位练兵、技术比武、技能竞赛等方式，开放式培训葡萄酒技能人才200人。实施“仙境工匠”“技能人才攀登计划”等特色人才计划，以现场技能比武、理论比拼的方式储备葡萄酒高端人才40名，累计培育葡萄酒领域泰山产业领军人才2人、全国技术能手6人、齐鲁首席技师3人，市级以上首席技师7人。

三是强化政策保障。构建“1＋19”人才政策体系，制定“葡萄酒之星”专项人才支持措施，培养人选和后备人选每人给予4万元支持，在上级人才工程推荐、表彰奖励、职称评聘等方面给予优先支持。对新取得职称资格的企业技能人才，实行晋升补贴，副高级职称一次性奖励2000元、正高级职称一次性奖励3000元。

（二）开拓专业化引才模式。围绕重点项目、行业平台、高峰论坛三个维度，构建技能人才招引新矩阵。

一是依托重点项目聚才。集中梳理一批制约葡萄酒产业发展的“卡脖子”关键技术难题，开展“揭榜挂帅”专题引才行动。通过项目揭榜，承担省级重点研发项目4项、市级研发项目3项，引进省部级以上人才12名，累计争取科研经费4000余万元。

二是依托行业平台引才。成立国内第一家行业管理服务部门——葡萄与葡萄酒产业发展服务中心，制定《“一带三谷”酒庄聚集区规划》《葡萄与葡萄酒产业人才融合发展三年行动方案》，聘请30余名行业领军人才担任葡萄酒产区顾问，特聘葡萄与葡萄酒工程学科奠基者李华教授担任首席专家，围绕酿酒葡萄栽培、葡萄酒技术、葡萄酒经济与文化等方面提供行业咨询服务和技术支持。

三是依托论坛活动揽才。“请进来”，永久落户世界七大葡萄海岸产区研讨会,吸引国内外专家开展“丘山论酒”等高峰论坛,累计邀请葡萄酒领域高层次人才考察交流300余人次;“走出去”,赴美国加州大学戴维斯葡萄酒酿造学院、德国法尔兹诺市葡萄酒学院、法国兰斯大学、法国波尔多大学等海外葡萄酒高校设立引才工作站,累计为拉菲瓏岱酒庄、逃牛岭酒庄等引进海外留学人才15人,极大地提升了葡萄园管理水平及酿造技术。

(三)打造精细化服务生态。坚持产业带动、平台支撑、服务优化“三位一体”,构建人才发展生态新矩阵。

一是构筑产才发展生态。蓬莱区依托滨海葡萄观光带和南王山谷、丘山山谷、平山河谷“一带三谷”产业发展格局,吸引法国拉菲、上海安诺其、英国苏各兰等众多国内外知名企业在蓬莱建设酒庄,打造特色化、品质化、集群化酒庄聚集地,先后获得“全国优质葡萄生产基地”“最具竞争力的葡萄酒产业之都”“中国百佳产业集群”“中国海岸葡萄酒示范区”等称号,打造葡萄酒产业人才集聚的发展生态。

二是搭建平台载体生态。与上海交通大学、山东省葡萄研究院等6家高校、院所共建葡萄酒产业技术研究院、技术创新中心等科创平台,获批“技能大师工作室”等葡萄酒技能人才载体7个。其中,国宾酒庄与加拿大皇家科学院院士杰夫里共建葡萄酒行业首个外籍院士工作站,葡萄与葡萄酒产业发展服务中心获批行业首家省级专家服务基地,累计取得酿酒葡萄极简化栽培技术、自然葡萄酒酿造等20余项技术成果,年均带动经济效益3000万元。

三是优化人才服务生态。全面优化技能人才评价体系,将高技能人才纳入高层次人才分类认定,以高层次人才绿卡为身份标识,提供配偶安置、子女入学、医疗保障等13类33项特色服务。推出350套人才公寓,具有中级及以上专业技术资格、高级技工及以上职业资格人员可免费入住。招募96家商户成立人才服务联盟,提供“吃住行游购娱”等领域折扣优惠。调剂50个事业编制,专项用于安置高层次人才及其配偶。

三、经验启示

(一)多元联动的培养体系是打造技能人才高地的重要支撑。要充分发挥企业在技能人才培养中的主力军作用,采取以师带徒、岗位提升、工训结合、技能竞赛等多种方式,长期、持续、有针对性地培养单位实用型技能人才。鼓励校企合作,以企业的需求为导向,加强院校与企业大力开展订单班、联合办学、实训实习基地建设、双师型队伍建设等,建立长期有效的校企合作办学机制。充分利用技工院校、职校、社会培训机构等培训资源,工学结合、产教融合,提升企业人才培养实力。鼓励企业自主设立培训中心,积极设立实训基地、工匠工作室、技师工作站等人才培养平台。依托平台开展活动,发挥平台人才集聚效应,增强企业育、引能力。

(二)集约高效的政策激励是打造技能人才高地的前提条件。鼓励企业技能人才积极参加职业技能鉴定和企业技能自主评价。要按照技能等级相应地给予一定奖励,从而更有效地激励人才、留住人才。对一些重点行业、重点领域,由政府集中组织系统化、专业化的免费培训,或者给予一定培训补助,减少企业的培训经费支出,缩短培养周期。同时,实施优势产业专项人才计划,适当扩大技能人才荣誉称号评选范围、数量,结合实际情况适当降低评选门槛。逐年增加培养技能人才的投入,每年安排专项经费用于开展职业技能竞赛等高技能人才的选拔和培养工作,建立高技能人才专项资金,用于扶持高技能人才培养基地和公共实训中心的贴息贷款、项目建设、教学设备购置以及高技能人才奖励等工作。

(三)"近悦远来"的发展生态是打造技能人才高地的重要保障。人才竞争的核心是发展生态的竞争,要提高技能人才待遇,畅通发展渠道,搭建干事创业的舞台。特别是要吸引具有一定发展潜力的优秀青年技能人才,在安居保障、子女入学、配偶安置、医疗保健、创新创业等方面打造国内一流的配套环境。支持企业技能人才"走出去",到高等院校、职业院校、重点企业等开展学历教育、脱产学习,提高技能人才的知识储备、能力水平和荣誉感、归属感。积极组织高技能人才技术交流活动,依托公共职业介绍机构、人才交流机构或大型企业(集团)、行业协会等,举办各种形式的高技能人才主题活动,为高技能人才参与高新技术开发、同业技术交流以及与科技人才交流、绝招绝技和技能成果展示等创造条件,真正将高技能人才引进来、留下来。

聚力打造“近悦远来、宜居宜业”高品质人才社区

一、背景动因

青年人才是最具创新创业活力的优势群体，芝罘区作为烟台的核心城区，拥有教育、医疗等资源优势，入选“全省青年发展友好型县域试点城市”，连续三年青年人才引进数量居全市首位。为吸引集聚青年人才，芝罘区坚持以青年人才的需求为中心，从青年人才创新创业的“头等大事”和安居乐业的“关键小事”入手，做优服务、建强环境，依托1861文化创意产业园、1861蔚蓝人才公寓等载体，着力打造集创业孵化、产业加速、商住社交等功能于一体的高品质人才社区，推动产业园区转变为“人才聚集区”，让更多资金、项目、人才等资源充分涌动，青年人才集聚效应不断增强，打造持久有力的人才竞争优势。

园区虽然集聚了很多青年人才，且配套建设了人才公寓，但人才服务依然存在碎片化、粗放式、低层次的问题，更多的是单一的办公或居住功能，没有针对青年人才的工作、生活需要，打造集生产、生活为一体的人才服务生态圈，导致现有产业园区对人才的吸引力、凝聚力不足。通过打造高品质人才社区，配套完善人才的生产和生活空间，让产业园区变身“产业社区”，实现生产、生活、生态的有机融合，通过提供多元化、高品质的人才服务，汇聚更多的青年创新创业人才，真正实现“宜居宜业、职住一体”。

二、主要做法及成效

（一）坚持“高点定位”，构建高效协同的推进机制。芝罘区委、区政府坚持“规建运管服”全链条推进，把人才社区建设作为“重中之重”来抓。一是“一把手”亲自调度。区委书记先后5次召开专题会议部署推进相关工作。成立由区委主要领导挂帅的人才社区工作专班，整合相关单位力量，以资源叠加带动功能聚合。二是专业化规划建设。区委组织部联合区属国企组成调研组，赴苏州、上海、深圳等先进地市调研，对比研究了发达地区的城市建设经验，邀请规划设计团队制定芝罘区人才社区未来发展规划方案。三是规范化运营管理。采用“政府主导＋国企运营”模式，建立专业运营管理机制，区属国企主城控股集团成立了烟台顺合居商业运营管理集团有限公司，专业运营人才社区相关工作，引入各类服务商家，提升社区服务青年人才能力，推动人才社区高质量建设。

（二）致力“要素整合”，构建安居乐业的优质社区。凤凰择梧桐而栖，人才择良区而安。一是制定公寓管理办法。优化《芝罘区人才公寓分配及使用管理规定》，完善人才社区政策体系，扩大人才公寓政策覆盖面，将享受青年人才购房补贴、生活补贴群体纳入政策覆盖范围。二是打造温馨的居住环境。聘请专业设计团队进行公寓的规划设计，打造“更具美感、更贴合青年人才需求”的居住生活空间，单套房间面积27－54平方米，量身定制4种精品户型，配备独立卫浴、宽带、智能门锁、空调等设施，让人才来芝罘“拎着一个包，安下一个家”。三是完善生活服务配套。统筹公共区域空间，斥资500万元打造共享餐厅、便利店、洗衣店、健身房、影音室、电竞室、休闲室、咖啡书吧等全业态工作、生活、休闲服务配套，同步布局人才主题公园、青年人才街区，沿街还有丰富的商业配套，汇集美食、购物、娱乐品牌，“吃喝玩乐购”一应俱全，打造和谐美丽的人才家园。

（三）聚力“产创融合”，打造产业集聚的人才高地。“人才密度”决定“创新浓度”，进而决定“产业高度”。一方面，优化园区产业结构。围绕“城市更新、产业升级”主线，依托1861文化创意产业园，结合现有业态，科学导入

“网红”电商、电竞元宇宙等新兴业态,建设直播电商、兴趣电商、跨境电商、网红电商创业孵化空间,为青年人才量身定制创新创业全链条的新家园。另一方面,升级产业孵化载体。统筹创业孵化与办公载体,设置分类办公室、共享会议室等设施,为青年人才提供申请灵活、使用便捷的空间载体,构筑“孵化—加速—产业化”的载体闭环,打造以文化创意、电子商务为主题的青年创新创业综合体。目前,园区入驻时光坐标等企业190余家。2024年以来,孵化项目40个,新入驻企业(项目)40余家,实现产值1.1亿元。

(四)倾力“服务聚合”,强化有求必应的留才保障。优质的服务生态是人才安居乐业的基础。一是打造人才贴心“秘书”。围绕人才创新创业、工作生活不同阶段的不同需求,选派机关干部担任“人才服务专员”,一对一沟通问需,24小时随时受理,做到人才政策及时告知、人才需求跟踪落实、意见建议密切掌握。二是优化整合政务服务。打造一站式创新服务中心,为青年人才提供代理记账报税、代缴社保、法律保障、集群注册等服务,开展相关审批权限下放试点,简化申报流程,允许容缺受理,为人才提供更为便捷有效的政务服务。三是丰富人才精神生活。成立1861青年创新创业联盟,统筹人才服务、文娱资源,举办青年派文化节、青春音乐会、汽车后备箱集市等多样活动,让青年人才能够遇到志趣相投的伙伴,扩展自己的交友圈,让青年人才把心安放在芝罘、把事业扎根在芝罘。

三、经验启示

一方面,坚持需求导向,切实提升服务人才水平。在建设人才社区的过程中,要坚持以人才需求为导向,把社区所能与人才所需连接起来,人才的急难愁盼是什么就提供什么服务,努力打造让人才动心、安心、放心的理想家园。为此,人才社区时常开展走访调研,全面掌握人才的需求,根据不同的需求量身定制服务项目,形成“服务菜单”。另一方面,坚持发展导向,有效推动人才自我服务。青年人才既是服务对象也是服务主体,从人才社区长远发展的角度出发,党委和政府不仅要整合职能部门、市场主体、专业机构的力量，为青年人才创新创业打造优质环境，而且要积极搭建人才发挥作用的舞台，通过开展教育培训、志愿服务活动等方式，加强青年人才思想引领和社会参与，推动青年人才自我服务、互相服务，让青年人才成为服务的中坚力量。

下一步，芝罘区将在以下三个方面集中用力突破，推动人才社区提质增效。一是聚焦中心工作抓人才，打造活力迸发的聚才高地。借助人才社区资源优势，搭建人才项目落地、创业人才孵化载体，统筹相关部门资源，力争上级研发中心、技术中心、工程中心、重点实验室等研发机构新增3家以上，为人才成长提供平台支撑。引导鼓励企业加大科技研发投入，推进关键核心技术攻关。依托龙海家园、经伦街大悦城片区、1861和抖音AI产业园，自北向南规划三处青年创业活力主题街区，为青年人才提供创业培训、项目孵化、资源对接、生活配套等优质服务，力争打造全国青年人才发展型城市。

二是聚焦生态环境抓人才，厚植安心舒适的育才沃土。联合住建局、财政局、人社局等单位成立人才社区工作小组，在政策端、金融端、物业端形成合力，切实发挥招才引智、改善人居、服务经济、提升城市能级的综合价值，全方位打造人才社区服务标杆和品牌，营造全社会尊才爱才的浓厚氛围。围绕人才社区坐落多级绿化空间，建设微型人才主题公园、科技生态主题公园、党建口袋公园等城市公园以及多个组团内的次级绿化空间和小微绿地，将人才社区生态系统串联成网，搭建芝罘人才社区生态发展骨架。

三是聚焦优质服务抓人才，强化难以离开的留才保障。整合各部门单位优质资源，在人才社区建立线上采购平台及菜鸟驿站，搭建人才联谊会、青春交友会、创客沙龙等交流联谊平台，打造全周期创新创业生态闭环。集聚社区周边企业、商业、医疗等公共服务设施，打造人才社区服务联盟，优化延伸“吃住行游购娱医教养”服务链条，为社区人才提供子女教育、医疗保健、消费折扣等各类优惠服务，构建“10分钟人才宜居圈”，打造优质人才社区生态。

媒体聚焦篇

烟台何以再列北方地级城市榜首？

2025年5月9日，智联招聘联合泽平宏观推出《中国城市人才吸引力排名：2025》报告，公布了2024年最具人才吸引力城市100强榜单。烟台居全国第33名，相比2023年前进2个位次，继续位列中国北方地级城市第1名。值得注意的是，在此前公布的"中国'95后'最具人才吸引力城市"榜单中，烟台同样摘得中国北方地级城市桂冠。目前，烟台市级以上工程人才4500余人，其中，国家级人才246人，省泰山系列人才479人。累计获得国家、省科技奖407个，其中，国家科技进步奖一等奖4项。2024年入选国家级人才47人，市属单位入选数量居全省第一，入选国家卓越工程师团队（全省唯一入选）。

人才竞争愈发激烈，烟台缘何成为人才的"心头好"？从这份名单中我们看到了烟台引才的决心，也看到了城市的未来。

搭建舞台　产业与人才互相成就

2025年5月13日上午，东方航天港陆海空间（烟台）信息技术有限公司，28岁的工程师张艳超专注地编写着卫星指令代码。这位放弃北京高薪机会的年轻工程师用短短两年时间，已成长为卫星运行控制团队的负责人。"陆海空间30岁以下员工占比达65%，其中不乏从北上广回流的技术骨干。"陆海空间（烟台）信息技术有限公司行政助理程晓蓉说。

吸引人才的秘诀是什么？产业生态。

从火箭总装到卫星应用，从发射服务到航天文旅，东方航天港在构建商业航天生态圈的过程中，也为人才搭建了平台。

在烟台,产业和人才互相奔赴、互相成就的故事还有很多——

烟台高新区沿科技大道科技创新发展带、沿火炬大道新型产业发展带,生物医药、航空航天等领域人才纷至沓来,打造国内重大科技成果策源地和新兴产业技术先导区。

黄渤海新区八角湾中央创新区、环磁山国际科研走廊等功能区吸引了一大批绿色石化、高端装备等领域人才,打造全球高端化工人才集聚区和国家高端装备制造基地。

裕龙岛布局裕龙石化产业园、龙口高端低碳绿色新材料产业园等功能区,集聚了炼化一体化、精细化工等领域人才,打造“国内领先、世界一流”的世界级生态石化园区。

蓝色药谷•生命岛、超级工厂两大片区,集聚了医用同位素药物及应用、干细胞与再生医学等领域人才,打造国内重要的生命科学创新引领核心区。

丁字湾双碳智谷的核风光氢储一体化基地、东方航天港等,是核能综合利用、航空航天等领域人才的聚集地,携手打造全国绿电制造样板区、国家新型工业化示范区。

产业态势旺,人才来了有事业平台、有美好未来,这就是烟台城市人才吸引力的撒手锏。

诚意满满　扶持政策三轮升级

人才政策是一座城市最好的邀请函。烟台以实实在在的政策,展示出对人才最大的诚意。自2021年6月1日以来,全市累计发放青年人才生活补贴和购房补贴超过20亿元,以实实在在的补贴增强人才吸引力。

烟台先后三轮升级人才扶持政策,全面构建起“顶尖人才亿元支持、领军人才百万配套、青年人才十万资助、技能人才万元补贴”政策体系。在省内率先实现省级以上领军人才普惠性配套政策全覆盖,中央、省属驻烟单位人才同城化待遇全覆盖。

一是顶尖人才亿元支持。对国家级以上领军人才实施“一事一议”政策,先后引进李德仁院士“东方慧眼”星座、郑志明院士医疗健康区块链等项目。

二是领军人才百万配套。对省级以上领军人才实行配套扶持政策，提供最高600万元综合配套资助。实施高端人才引育“双百计划”，每年面向海内外引进100名产业领军人才和200名行业拔尖人才，提供最高600万元综合资助。在领军人才的带领下，自2022年以来，烟台市连续3年每年均有2项科技成果入选全省十大科技创新成果，数量居全省第一；2023年，同时荣获山东省科学技术最高奖和山东省科学技术青年奖；2024年，39项成果获得山东省科学技术奖，领军人才牵头的一等奖及以上奖励7项，其中特等奖1项，获奖数量创历年新高。

三是青年人才十万资助。对符合条件的博士、硕士、本科生、专科生，每人每年分别发放3.6万元、2.4万元、1.2万元、6000元生活补贴，补贴3年；分别发放最高20万元、10万元、5万元、2万元一次性购房补贴。近3年，共引进1700名博士、18817名硕士、近20万名大学生。

四是技能人才万元补贴。对企业新引进的符合条件的首席技师、特级技师、高级技师、技师，分别给予每人每年3.6万元、2.4万元、1.2万元、6000元生活补贴，补贴3年；对企业自主培育的符合条件的初级工、中级工、高级工、技师、高级技师、特级技师、首席技师，每人分别给予1000元、1500元、2000元、2500元、3000元、6000元、8000元一次性补贴。目前，全市高技能人才总量突破35万人。

青年人才是城市的未来。烟台市以实施青年人才“百千万”集聚计划为抓手，围绕政策引才、平台聚才、活动揽才、服务留才等关键环节，全力做好外招内引文章，不断优化人才环境，全力把国内外青年人才“引过来”、把驻烟高校人才“留下来”、把烟台籍学子“请回来”。2024年，全市引进青年人才6.8万人，其中硕士研究生6638人、博士627人，为万亿城市发展提供了强有力的人才支撑。

近悦远来　人才发展生态更加暖心

2025年4月15日，芝罘区环山路88号的德馨知寓，迎来了又一批青年人才。作为市级人才公寓，这里地处市中心成熟社区，周边配套完善，临近商场,生活便利。“生活舒心便利,很有家的感觉。”不少人这样点赞。

烟台聚焦“乐居、乐业、乐创、乐享”,精心打造近悦远来人才发展生态。在全市206个服务窗口专门开辟人才绿色服务通道,配备700余名服务专员,将人才服务打造成全市一道亮丽的“风景线”。在省内率先开通高层次人才智慧服务平台,全面实现人才政策“一键查询”、人才工程“一站申报”、人才补贴“全程网办”、人才服务“一站供给”,被评为“全省大数据创新应用典型场景”。

凭借一张人才卡在烟台可以享受最暖心的待遇。烟台以高层次人才分类认定为基础,颁发烟台优才卡作为身份标识,累计发放2.1万张,在省内发放数量最多、范围最广。人才持卡根据分类认定类别,可对应享受配偶安置、子女入学、医疗保健、文化休闲、公寓租赁等29项公共服务和500余户商家服务。

烟台还集中打造30处“产城融合、职住一体”高品质人才社区。首批推出5处样板“人才社区”和13处“人才之家”。在省内首创“人才+科创”双业务板块、“企业法人+事业法人”双架构模式,组建烟台市人才科创发展集团和烟台市人才科创发展研究院,由集团担当市场运营商,研究院担当专家智能团。搭建起以烟台国家级留学人员创业园、烟台国家级人力资源服务产业园、烟台高层次人才创业园、烟台国际人才港等“三园一港”为主体的专业创新创业载体,总面积45万平方米,并配套推出“人才投”“人才贷”“人才险”系列金融产品,累计孵化科技型企业2238家。

今后,烟台市将充分发挥产业基础雄厚优势,聚力深化“四链”融合,实施好“十项计划”:针对战略人才引进实施“领航计划”、针对重点产业发展实施“双百计划”、针对重点企业培育实施“优聘计划”、针对中小企业发展实施“共引计划”、针对重点园区建设实施“赋能计划”、针对重大科技平台实施“提能计划”、针对科技成果转化实施“互聘计划”、针对企业前端研发实施“飞地计划”、针对重大项目建设实施“配额计划”、针对产业生态打造实施“强链计划”,吸引更多“千里马”齐聚烟台、共谋发展。

以最优生态吸引人才,以最高礼遇致敬人才,以最暖服务留住人才——烟台正与人才携手,奔向更美好的未来。

山海间，城市与人才双向奔赴

这是一场对人才的最高礼遇。领军人才、顶尖人才在掌声中上台领奖，一张张证书、一个个红包，彰显着城市对人才的渴求与厚爱。

这是一场人才与产业的双向赋能。科技副总与产业教授接过聘书，换一个身份，让高校、院所与企业优势互补。

这是一场诚意满满的引才邀请。推介人才新政，发布需求榜单，烟台市委、市政府向海内外人才发出了招才引智的“最强音”。

……

2024首届烟台人才周暨标志性产业链产才融合发展大会举行。表彰人才、发布榜单、签约项目，海纳百川的烟台，再次敞开胸怀，拥抱八方人才。在这片充满活力的热土上，专家人才尽情释放创新智慧和创业激情，与城市一起成长、共同出彩。

以节日名义　为人才献上最高礼遇

在铿锵的音乐声中，“一事一议”引进顶尖人才代表、中国科学院院士郑志明登台领奖，赢得了全场最热烈的掌声。3850万元的综合奖励，这是目前烟台对人才的最高礼遇和最深敬意。

一个顶尖人才，往往能带动一个产业发展。“一事一议”引进顶尖人才（团队）政策，是烟台为吸引集聚产业发展急需紧缺的顶尖人才来烟创新创业专门推出的。烟台用最大的诚意、最真的用心、最实的行动，携手顶尖人才共同发展。

启动仪式上,部分国家级、省级领军人才代表上台领奖,一张张闪亮的荣誉证书,体现的是烟台对人才创新创业的充分肯定;一份份鼓鼓的政府红包,是烟台市委、市政府对人才的真诚鼓励。

“这次人才周,我充分感受到了烟台优良的人才环境,让人心里十分温暖,我们也将在自己的岗位上更加努力,不辜负这份希望。”颁奖仪式后,国家级人才、烟台东诚药业集团股份有限公司首席医学官刘艳感慨地说。

领军人才是支撑企业崛起、产业壮大的“钢筋铁骨”。近年来,烟台市大力实施领军人才筑峰计划,对省级以上领军人才,在中央、省扶持政策的基础上,再给予最高400万元综合资助,为他们在烟台施展才华、大展身手提供全方位保障。目前已累计扶持161人。

此外,烟台市优秀大学生实习基地代表、烟台市人才引领型企业代表也依次上台领奖。人才是企业发展的根本,企业是承接人才的主体。每年引进400名博士、5000名硕士、6万名大学生来烟就业创业,成为烟台企业创新发展的动力源泉。

一场启动仪式,充分展示了这座城市真心爱才、悉心育才、倾心引才、精心用才的优越生态。

广发“英雄帖” 奏响招才引智“最强音”

会场内外,从处处洋溢着对人才最“燃”的热情和最“真”的诚意上不难看出,奋进万亿新征程的烟台,正表现出对人才的无比渴望和鼎力支持。

启动仪式上,烟台市委组织部副部长吕永杰就烟台市高端人才引育“双百计划”和青年人才政策进行了详细推介。

烟台市高端人才引育“双百计划”是聚焦全市重点产业发展和科技创新需要,专门针对加快引进高端创新创业人才组织实施的一项市级人才工程。此次“双百计划”迭代升级后,共设置“双百计划”学者、产业领军人才、海外领军人才、拔尖人才和区市英才5大类,计划利用5年时间,每年遴选扶持100名左右领军人才和200名左右拔尖人才。

青年人才政策方面,烟台近年来先后进行了三轮政策升级,推出以“乐居、乐业、乐创、乐享”为主要内容的“就选烟台•青春无忧”青年人才集聚计划。此次优化升级后的青年人才政策，让人才生活有资助、安居有保障、留学有补贴、实习有奖补、创业有扶持、引才有奖励，服务全方位。

仪式上，烟台市科学技术局党组书记、局长李杰发布“技术榜”——烟台市重点产业“揭榜挂帅”技术需求项目榜单，着力构建“企业出题、政府立题、人才破题”的关键技术攻关体系，聚智聚力，突破产业发展“卡脖子”关键核心技术。烟台市人力资源和社会保障局党组书记、局长姜瑞发布了“求贤榜”——烟台市重点产业青年人才需求榜单，面向海内外广发“英雄帖、招贤令”，实现产才精准对接。

海纳百川、开放包容是烟台这座城市的品格。这里不仅有北纬37度的优越地理位置，更有“100度”的好客热情。烟台自古以来就有尊重人才、崇尚创新的浓厚氛围，先后入选“中国最具人才吸引力城市”“中国‘95后’人才吸引力城市”“魅力中国——外籍人才眼中最具吸引力的中国城市”。近悦远来的人才集聚氛围，吸引着更多“千里马”齐聚烟台、共谋发展。

多轮项目签约　为城市带来满满活力

上台执笔，郑重签字，一个项目自此落地生根。启动仪式上，多个校企、人才项目的现场签约，让人才与城市实现了双向奔赴、相互赋能。

校企项目签约共举行了三轮。南开大学与山东裕龙石化有限公司，重庆大学与国电投核电技术服务有限公司，北京航空航天大学与星河动力（山东）航天科技有限公司等学校与企业牵手，在专业领域驰骋。

人才项目共举行三轮签约，俄罗斯自然科学院外籍院士、国家级人才史大永与烟台远东精细化工有限公司，欧洲科学与艺术院院士石昕与山东大数据医疗科技有限公司，俄罗斯科学院院士、欧洲科学院院士曹进德团队代表与山东星耀云智能科技有限公司等人才与企业牵手，在更多领域攻坚。

2024年以来，烟台市持续开展“四链”融合对接活动，组织企业走进高校洽谈、邀请专家来烟考察对接，多渠道推动校地、校企合作，帮助企业破解发展难题。

启动仪式上,山东省博士后创新成果转化基地揭牌成立。博士后是国家战略人才后备力量,是青年人才中最具创新能力、创业潜力和发展动力的群体。烟台是全省较早开展博士后工作的地市之一。为进一步加强博士后人才队伍建设,2023年烟台专门承办了第二届全国博士后创新创业大赛。目前,全市拥有博士后科研工作站37处、省博士后创新实践基地35处,累计招收进站博士后303人。为此,山东省人力资源和社会保障厅专门批复在烟台设立山东省博士后创新成果转化基地。

选对一座城,是人才的睿智;招来优秀的人,是城市的魅力。烟台的魅力就来自厚重的产业基础、富集的科技资源、秀美的城市环境。在烟台,每份才华都不会被辜负,每份付出都会有回报。

以最高礼遇致敬人才,以最优生态吸引人才。我们望向会场之外,山高海阔,城市与人才正双向奔赴、相互成就。

抢人大战，靠啥突围？

秋招季，历来是各城市“抢人大战”中的必争之地。秋招收官，烟台的人才战绩如何？先后奔赴24个城市、51所高校开展烟台市“名企名校行”校园引才活动，举办石化及化工新材料、高端装备制造、航空航天、电子信息等产业专场招聘会，发布需求岗位7322个。目前，烟台市今年已引进青年人才近6万名。

技高不止一筹。“万亿之城”的起步之年，烟台为“抢人”密集出手、频放大招：

出台青年人才新政3.0版，推出新政15条，力争用3年时间吸引超20万名青年人才来烟就业创业；

举办首届“烟台人才周”，市长出席并致辞，以一座城的名义和专属节日的方式，充分释放对人才的渴求与诚意；

聚焦16条重点产业链人才需求，发布技术需求榜单和青年人才需求榜单，各类青年人才需求16000余人；

举办2024年烟台海内外高层次人才产才对接大会，吸引来自全球30多个国家和地区的留学博士、博士后，与烟台市50多家园区、企业、高校精准开展产才对接。

青年人才是城市竞争的制胜变量。近悦远来的青年人才环境，是让城市永葆发展活力的密码。烟台正凭“硬本事”和“软实力”吸引更多青年人才来到港城热土上大显身手、攀登高峰、成就精彩。

“抢人”，靠硬核人才新政

烟台市继2016年、2021年两次推出青年人才新政后，2024年发布的

3.0版不仅政策范围更广、运行更灵活，还更加注重青年人才的培育发展，有针对性地满足青年生活、租房、购房等不同阶段的现实需求，为人才兴市提供了“硬核”支撑。

从博士到硕士、本科生、专科生，凡在2024年6月后新引进到烟台缴满社保一年，烟台都为其提供时限3年、每年6000元至3.6万元的生活补贴。此外还有2万元至20万元不等的一次性购房补贴。

如何让政策的效益更高、更长久？烟台适当将政策的重点前移，使人才新政与烟台新兴产业更精准、更深度地衔接。对绿色石化、生物医药、高端装备、航空航天、清洁能源等产业领域制造业企业中符合条件的博士、硕士、本科生，生活补贴时限延长至5年。博士一次性购房补贴提高至最高26万元。

看得见青年人才踮脚追求生活、弓腰向前奔跑姿态的城市，才能获得他们的青睐。新政加大对“安居”的保障力度。博士入住各级人才公寓的，免2年租金，期满继续租住的，租金2年内减半收取；其他具有国家承认的大专以上学历或具有中级以上专业技术资格、高级技工以上职业资格人员入住各级人才公寓的，免1年租金，期满继续租住，租金2年内减半收取。

值得一提的是，新政中，烟台市每年设立不超过1000万元企业引才育才补贴资金，全面调动起企业、事业单位、高校、人才工作站、中介机构等多方之力引天下栋梁，加快推动青年发展友好型城市建设，强化环渤海地区中心城市和绿色低碳高质量发展示范城市建设人才支撑，努力让烟台成为八方英才的逐梦之地、圆梦之城。

“抢人”，靠广阔的发展未来

人才政策容易被模仿复制，人才成长生态才是持久竞争力。把青年人才引进来，服务好青年人才的同时，更要让青年人才有用武之地。

在烟台，“9＋N”制造业集聚培育工程和16条重点产业链，为人才提供了如山海般广阔的逐梦舞台。产业链与人才链“牵手”，成为城市吸引人才的金字招牌。

烟台至公生物医药科技有限公司总经理车团结是青年人才在烟创新创业的典型代表。2021年,他受朋友之邀来到烟台,当时烟台提出重点发展“9+N”产业,生物医药产业就在其中。仅仅三年,企业快速发展,70多个产品实现了产业化,2024年还获评省级专精特新企业和最具成长潜力的留学人员创业企业。如今,企业还集聚了近10位归国留学高端人才。

以产聚人,烟台还有更多可能性。烟台市委、市政府高度重视人才工作,坚持以企业需求为导向,系统布局产业发展所需的园区载体、创新平台、产业基金、人才团队、产业联盟、品牌展会、公共服务平台“七大资源要素”,打造了诸多吸引人才的强磁场。

烟台市正在探索建立校企共引共用人才机制,人才编制落在科研院所,为中小企业提供“一对一”的人才服务,让各类人才在烟台创新创业具有更高的便捷性、成长性。

青年人才来烟创业,烟台最高可提供30万元创业担保贷款;创办符合条件的小微企业的,最高可提供400万元创业担保贷款;对新设立的博士后站和基地可分别给予40万元、20万元建站资助……真金白银的支持,激发出青年人才更大的创新、创业热情。

“嘀——人才卡。”这是烟台人才免费乘坐公交车时的刷卡声;“支付宝到账2.4万元。”这是烟台人才生活补贴到账的提示音;“这是您公寓的钥匙,欢迎入住!”这是烟台人才免租入住的通知声……这些,都是人才在烟台生活的真真切切的幸福之声。

此心安处是吾乡。从青年人才的视角出发,不仅要支持他们发展,也要关照他们的生活。烟台友好青年的努力正在被越来越多人看到:烟台正在组建和完善高层次人才服务联盟,面向青年人才提供文化娱乐、休闲旅游、商超购物等方面的优惠;面向E类及以上高层次人才及驻烟高校大专以上学历应届毕业生发放“烟台人才交通卡”,3年内可免费乘坐公交车;根据高层次人才分类认定目录,提供配偶安置、子女入学、医疗保健等全方位绿色通道服务;全面优化提升核心商圈和特色步行街区,打造一批符合青年人才消费心理的消费场景。

……

无论是周到的服务，还是年轻化生活方式的打造，烟台一直在展示向青年人才靠近的决心，让年轻人选择一座城市、爱上一座城市，最终扎根一座城市。目前，烟台全市青年人才引进数量连续四年实现稳步增长，总量突破23万人。

引才用才、留才爱才，是烟台对青年人才的礼遇。倾心热爱、奋力奔跑，是青年人才对烟台的智力支撑。共赴未来，是城市与人才的一场双向奔赴。“万亿之城”烟台，正在上演与人才互相成就的故事，也正在奔赴一个更具青春活力的未来。

从“给资助”到“给生态”！万亿之城烟台的“创业磁力”从何而来？

2025年4月9日，第十届中国•烟台海内外精英创业大赛启动，不仅砸下“天花板级”资金，更以六大精准赛道、全链条产业配套，向全球高端人才抛出橄榄枝。从“给资助”到“给生态”，从“抢人”到“留人”，这座万亿之城正以一场大赛为支点，撬动人才链和产业链的深度耦合，将人才争夺战直接升级为“科技创新抢位赛”。600万元综合资助只是入场券，硬核科技才是烟台真正想要的投资标的。这已不是普通赛事，而是关乎未来十年产业格局的谋定落子。

从600万元到1.5亿元，烟台如何重构人才价值标尺？

“最高600万元综合资助”“顶尖人才‘一事一议’支持1.5亿元”……第十届中国•烟台海内外精英创业大赛的政策清单，直接将区域人才竞争的“价码”推至新高度。与上一届相比，本届大赛最引人注目的突破是特别对顶尖人才设置“一事一议”通道，提供最高1亿元综合资助或1.5亿元直接股权投资支持。这种“天花板级”资金投入，不仅是对高端人才的强烈渴望，更是烟台作为万亿级城市对“新质生产力”的精准投资。

本届大赛设创业企业赛和创业项目赛两个组别，授予最具成长潜力创业企业奖、最具成长潜力创业项目奖。获奖企业可获5年分阶段资助。获奖项目通过综合论证后，可获得首年50万元启动经费、第三年最高50万元发展补贴、第五年最高100万元择优奖励。此外，还有最高20万元生活补贴、30万元购房补贴、25万元人才贷贴息、25万元人才险补贴、300万元股权投资等资助。这种设计并非简单"撒钱",而是通过动态评估绑定企业成长性,确保资金流向真正具备产业化潜力的项目。例如,企业需满足"实收资本现金出资超100万元"或"两年平均研发投入50万元"等条件,这本质上是对企业技术转化能力的硬性筛选。对获奖落地的项目,烟台采取"以小博大"策略:获奖人才实缴出资50万元即可触发25万元启动经费,叠加最高25万元人才贷贴息,实际将创业初期资金压力降低50%。这一政策直击早期项目"融资难"痛点,尤其吸引海内外青年科技人才带着梦想和创业计划轻装上阵。

烟台深谙"人才竞争的本质是生态竞争"。除资金外,"烟台优才卡"整合了30余项服务:从配偶安置到医疗绿色通道,甚至涵盖文旅休闲优惠。更关键的是,办公用房、人才公寓等由区市"一对一"定制,解决了北上广深回流人才对二线城市配套不足的顾虑。这种"政策包"设计,将单纯的"资助"升级为"全生命周期服务"。

从"给资助"到"给生态",烟台如何破解"落地难"与"产业两张皮"?

"抢人只是开始,留住人才是终点。"这句话在烟台大赛的赛制设计中体现得淋漓尽致。烟台将"成果转化"作为大赛核心逻辑,通过两大策略构建闭环生态。

一是六大黄金赛道与产业园区"精准配对"。本届大赛首次明确每个赛道的落地载体。例如,"航空航天"项目定向导入海阳市东方航天港产业园和高新区空天信息港,"智能制造"项目落户龙口市东海科技孵化产业园,"生物医药"匹配牟平区烟台蓝色药谷•生命岛。这些园区不仅是物理空间,更是产业链的"神经节点"。以东方航天港为例,已引进东方空间、星河动力等头部企业,并计划形成千亿级产业集群,可为新项目提供从技术验证到市场对接的全链条支持。这种"赛道—园区"绑定模式,有效避免了"人才带着技术来,却找不到产业土壤"的尴尬。

二是产业链与人才链的“双向奔赴”。烟台不拼“撒网式”抢人，而是用产业链吸引人才链。大赛聚焦的六大领域，如“低空经济”中的飞控系统开发、“光电”中的半导体自主设备研发，均对应烟台16条重点产业链的“卡脖子”环节。例如，黄渤海新区布局的低空经济产业，已引进无人机研发企业12家。大赛新增该赛道，实则是为现有集群“补链”。这种“以产引才、以才强产”的闭环，正是新质生产力的典型实践。

在山东“三核引领”战略下，烟台作为全省新旧动能转换核心城市之一，正冲刺环渤海中心城市。烟台GDP突破万亿元，叠加绿色低碳高质量发展示范城市定位，其政策红利与产业空间显著放大。大赛中“一事一议”顶尖人才支持政策，恰是城市能级提升后对“塔尖人才”的主动出击。

历届成果与未来赌注，一场大赛如何改写区域产业格局？

回溯前九届大赛，烟台累计吸引2800余个项目参赛，落地200余个，诞生58名国家、省、市级人才。但本届大赛的深层意义，在于其对未来产业的前瞻布局。

从“泛产业”到“尖端技术”，看得出烟台“赛道”升级的野心。与往届相比，本届赛道的技术指向更为极致：“火箭总装集成”“细胞与再生医学”“新兴化合物半导体的材料制备”等细分领域被单独强调。这种“精准滴灌”式引才，实则是为本土产业升级埋下“技术种子”。当前区域竞争已从“拼规模”转向“拼颠覆性创新”。此届大赛新增了低空经济、光电传感等赛道，恰与国家“十四五”战略性新兴产业规划高度契合。若能在这些领域率先形成人才集聚效应，烟台有望从“跟随者”变为“定义者”。烟台，给的不仅是钱，更是一个参与定义产业未来的机会。

烟台创业大赛的升级，折射出城市人才战略的范式转变——从“政策优惠”到“生态赋能”，从“单一引进”到“产才融合”。当城市与人才共同押注未来，这场大赛或许正是观察中国新质生产力勃兴的一扇窗口。正如大赛主题“慧聚烟台，共赢未来”所喻，烟台不仅吸引人才，更愿与人才共同书写下一轮产业革命的“烟台剧本”。

“押注”商业航天，烟台要当头雁

当Space X的“猎鹰九号”火箭在海上平台稳稳回收时，远在山东半岛东翼的海阳市，中国首个商业航天海上发射母港——东方航天港也正在书写属于自己的商业航天传奇。

这里不仅是我国唯一具备“出厂即发射”条件的商业航天基地，更孕育着“东方慧眼”智能遥感星座这样的国家级太空基础设施项目。2025年5月，这个年轻的航天产业园迎来马来西亚客商考察团，还要赴摩洛哥开拓海外市场。

从火箭总装到卫星应用，从发射服务到航天文旅，东方航天港正在构建一个完整的商业航天生态圈，其发展轨迹或许能为我们揭示中国商业航天的另一种可能。

向海问天：一座滨海小城的航天雄心

清晨的海阳，海风裹挟着咸湿的气息拂过码头。一艘漆成红白配色的特种船舶静静停泊在泊位上——这是全球首艘专业海上发射船，也是东方航天港最醒目的名片。在它身后，32万平方米的标准化厂房里，工人们正在为下一枚火箭的发射做最后准备。这里没有传统航天基地的神秘感，取而代之的是一种蓬勃的商业活力。

作为我国唯一的商业航天海上发射母港，东方航天港自诞生之日起就肩负着特殊使命。不同于酒泉、西昌等传统航天发射场，这里开创性地采用“前港后厂、陆海联动”的模式，让火箭从总装到发射的流程缩短到令人惊叹的程度。东方航天港(山东)发展集团有限公司党建分管负责人孙朝辉打了个形象的比喻:“就像把汽车工厂和试车场建在一起,我们实现了火箭的‘出厂即发射’。”

这种独特的区位优势,正在改写中国商业航天的产业版图。目前,东方航天港已成功保障15次海上发射任务,将89颗卫星送入预定轨道。2024年,在这里组织的海上发射任务占全国火箭发射次数的8.8%。构建起“天上有星、陆上有箭、海上有船、空中有网”四位一体的产业体系。在身后的标准化厂房里,工人们正在为2025年计划的10次以上海上发射任务做准备。

这种成熟的产业链和发射经验,正在转化为实实在在的商业优势。成本低、容错率高、灵活发射等特点,使东方航天港成为越来越多商业发射的首选。“我们急需引进星箭产研、配套集成、卫星应用等产业项目,”孙朝辉表示,“目标是加快形成商业航天产业闭环。”

站在码头眺望,孙朝辉描绘着未来五年的发展蓝图:实现“四百”目标——每年百次发射、量产百发火箭、天上百颗卫星、营收超过百亿。

星链中国造:“东方慧眼”的智能革命

在央视《开讲啦》的演播室里,李德仁院士向全国观众透露,计划2030年建成由252颗卫星组成的“东方慧眼”智能遥感星座。相比于马斯克单纯服务通信网络的“星链”计划,“东方慧眼”将卫星通信、导航、遥感与地面互联网集成一体,实现“通导遥”一体化。“我们终于能建立中国人自己的全球观测系统了!”这位85岁的遥感泰斗语气中难掩自豪。

李德仁院士口中的“东方慧眼”星座,正是东方航天港的重点项目。这个由252颗智能遥感卫星组成的星座,包括高分辨率光学卫星、高光谱卫星和雷达卫星等多种类型。目前已经成功发射“烟台一号”“烟台二号”两颗试验星。按照计划,2024年下半年将发射2颗高光谱卫星,2025年计划再发射8颗高分辨光学卫星。

“这个星座最特别之处在于它的智能服务能力,”陆海空间(烟台)信息技术有限公司行政助理程晓蓉解释道,“我们的在轨试验星已经完成创新服务模式验证:用户通过手机App提交请求后,10分钟内就能获取所需的卫星影像和信息。”程晓蓉介绍,陆海空间主导建设的“东方慧眼”智能遥感星座项目,未来将实现全球范围遥感数据从获取端到应用端的分钟级高效信息服务,全面赋能各行各业,服务国计民生。

在陆海空间的测控中心,28岁的工程师张艳超正专注地编写着卫星指令代码。“在烟台,你的代码能直接变成卫星指令,这比在北京的写字楼里写PPT酷多了!”这位放弃北京高薪机会的年轻工程师说。短短两年时间,她已成长为卫星运行控制团队的负责人。

“我们给的不只是高薪,还有‘技术主导权’,”程晓蓉解释道,“在北京你可能只是螺丝钉,在这里却能参与整颗卫星的设计链路。”这种独特的人才培养模式,正在吸引越来越多像张艳超这样的年轻人。目前,陆海空间30岁以下员工占比达65%,其中不乏从北上广回流的技术骨干。

生态赋能:一个产业园的乘法效应

走进东方航天港的园区餐厅,常常能看到有趣的一幕:九天行歌的技术员和星河动力的工程师拼桌吃饭,讨论着某个零部件的改进方案;陆海空间的软件工程师则和卫星应用团队交流数据处理的心得。这种看似随意的交流,实则折射出园区独特的产业生态。

九天行歌(山东)航天科技有限公司生产计划部部长王海龙拿起桌上的火箭模型,向同桌的合作伙伴们讲解道:“如果把火箭比作人体,贮箱就是它的‘心脏’——不仅要储存燃料,还要承受巨大压力。”他随手在记事本上勾勒出剖面图,“除了顶部的载荷舱和尾部的发动机,中间这80%的体积、60%的重量都是贮箱的天下”。

这番生动的讲解引来了阵阵会意的笑声。在座的都是产业链上的“邻居”:有提供特种焊接材料的上游供应商,也有需要贮箱配套的火箭总体设计单位。这样的场景在园区几乎每天都在上演——技术交流不再局限于正式的会议室,出现在咖啡厅、餐厅甚至走廊的每一个角落。

“商业航天不是单打独斗，而是生态竞争。”孙朝辉这样总结道。目前园区已入驻山东长征火箭、东方空间、星河动力、九天行歌等20余家星箭领域重点企业，为每一位热爱航天事业的人才提供了广阔的发展空间。

这种集聚效应带来了实实在在的效益——九天行歌的生产成本比一线城市降低25%—35%，还享受地方“亩产效益”税收返还政策。“我们产业基地二期项目5月初交付，年内达到150个的产能目标。”王海龙信心满满，他说，九天行歌选择落户东方航天港，正是看重园区完善的产业链生态和广阔的发展前景。

正是这种“技术交流+产业协同”双轮驱动，让东方航天港形成了独特的乘法效应：九天行歌的贮箱直接供给隔壁的火箭总装企业，而他们的技术难题又能获得院士工作站的指导。为了进一步强化这种协同效应，园区还设立了20亿元的烟台航天投资基金，政策支撑、资源支持、资金助力的产业发展格局逐步确立。这种从核心技术到终端应用的完整闭环，正在改写中国商业航天的发展模式。

怎么看烟台这个产业的“宠粉”大戏？

这里没有一线城市的光环，却用独特的“闭环生态”让创新药研发周期缩短一半；

这里不是传统医药高地，却凭借“共同成长合伙人”机制吸引着全球英才。

短短三年间，这里从一片荒地蜕变为聚集64家生物医药企业、20款一类创新药进入临床试验的产业高地。

园区服务为企业节省70%成本的硬仗

“生物医药企业最怕什么？不是研发失败，而是从实验室到产业化的转化瓶颈。”烟台生物医药健康产业发展集团行政助理徐文峰一语道破关键。

蓝色药谷的解题思路，是打造国内唯一的“销售—研发—中试—检验—生产—销售”闭环式垂直生态体系。

中试转化是细胞药物研发企业面临的最大门槛。这一环节通常占研发总成本的50%以上。蓝色药谷的核心优势，是建设国内级别最高、内容最全的细胞产品中试转化平台。

以佰鸿干细胞为例，其外泌体产线通过园区平台提前投产，仅设备共享和审批提速两项，便节省超千万元投入。“若在上海，同样面积的实验室年租金就要1500万元，而这里只需300万元。”佰鸿干细胞首席运营官王智明算了一笔账。

王智明提到一个细节:园区在《细胞治疗产业规划(草案)》中,6处采纳了企业的技术建议。“这种让企业参与顶层设计的姿态,比补贴更珍贵。”牟平区推行的“四证齐发”“先使用后付款”等创新模式,甚至允许企业装修期免租金,彻底颠覆了传统园区“先交钱再入驻”的规则。

面对烟台非一线城市的人才短板,园区联合企业推出“山东籍人才返乡计划”,通过购房补贴、烟台优才卡等政策,吸引高端科研人才。清蕊生物则通过“技术合作+内部培养”双轨制,与中科院、军事医学院等机构紧密合作,间接获取顶尖智力支持。

企业发展从“单打独斗”到“集群共生”

在蓝色药谷,企业不仅是政策受益者,更是产业生态的共建者。园区重点布局细胞与再生医学、医用同位素、免疫力经济三大赛道,通过公共服务平台实现资源互通。东岛打造的细胞产品中试平台和基因编辑平台,直接承接国家卫健委两项重点研发任务。清蕊生物利用平台资源,积极开展干细胞储存业务,同时细胞再生医学项目研发迅速铺开,自企业2024年入驻以来,不到一年时间,已申请多项专利。“平台提供的CDMO(合同研发生产)服务,让我们能专注创新药研发,不必自建生产线,让企业把有限的资金投入到更多的研发项目上。”清蕊生物科技行政总裁沈元琳表示。南岛则成为破解“卡脖子”难题的主战场。国内核医药领域双寡头之一的东诚药业将总部落户于此,其放射性药物临床批件数量全省领先。

西岛正在孕育免疫力经济的未来图景。园区规划“一站一院一园一基金”的创新模式,重点推动人用新型疫苗研发生产,为生物医药产业开辟新赛道。在北岛,落户新药创制山东省实验室,运营海经大厦酒店及会议中心,打造高端研发及生活配套区。企业不再是孤军奋战的个体,而是相互赋能、共同成长的产业共同体。园区通过“四岛联动”的差异化布局,打造了从研发到产业化的完整生态链,催生出一批具有行业引领性的创新成果。目前除省实验室外,入园企业已有20款一类创新药物获得27个国内外临床批件,数量在全省处于绝对领先,2025年还将有8款创新药取得临床批件。多家企业顺利完成多轮融资,推动IPO上市。

研究成果获得国家科技进步一等奖,拥有授权专利248余项,获批三类医疗器械7项、二类医疗器械28项等众多研究成果的佰鸿干细胞放弃上海张江,落户烟台的原因耐人寻味。“一线城市不缺好项目,但这里让我们从‘参与者’变成‘生态共建者’。”王智明提到的“共同成长合伙人”机制,正是蓝色药谷的深层竞争力——企业与园区共享产业红利,而非简单租赁关系。

蓝色药谷的崛起,印证了生物医药产业“非一线城市突围”的可能性。这里没有短期的资本追逐,有的是“陪你长跑”的政策定力;没有历史积淀,却有“让企业定义规则”的开放胸襟。正如沈元琳所言:“选择烟台,是押注未来十年的产业新蓝海。”瞄准打造绿色低碳、高质量发展示范城市,这座“生命岛”正以更低的成本、更快的转化、更活的生态,向全球创新者发出邀约。

新一轮创新之争，这个园区赢了？

这里没有传统工业园区的喧嚣，取而代之的是科研人员在林荫步道间穿梭交流，企业创始人在咖啡厅碰撞思维火花——烟台光电传感产业园这座占地约9.1万平方米的创新热土，正在全力打造中国北方最具竞争力的特色光电传感产业园。它不仅承载着创业团队的梦想，更以其独特的"热带雨林式"生态，向全球精英展示着烟台培育新质生产力的创新实践。

龙头效应——从一棵大树到一片森林

2024年6月，全球首款6微米VGA红外探测器芯片在烟台睿创微纳诞生，这项突破让中国在小像元红外探测领域领先世界整整一代。这个国内光电产业的龙头企业，正成为吸引大赛项目的"强磁场"。"我们期待通过大赛发现更多像睿瓷、蔻奢这样的配套企业。"大赛组委会负责人表示。

在与睿创微纳一路之隔的光电传感产业园里，正在上演将技术优势转化为产业集聚的"核聚变"效应。

走进烟台睿瓷新材料技术有限公司，可以看到，工程师们在无尘车间里，认真地调试表面闪着光泽的陶瓷圆盘。这些看似普通的陶瓷盘，承载着很高的技术含量，它就是芯片制造设备中长期被国外垄断的关键部件——静电吸盘。"我们已实现了从粉体到成品的全链条国产化，"总经理张巨先博士指着一款12寸静电吸盘介绍道，"在本地，睿瓷也已与睿创微纳子公司烟台齐新半导体技术研究院有限公司达成合作，在红外芯片制程中提供产品。本次大赛，我们欢迎有志于从事半导体产业的高端人才汇聚光电产业园,共同致力于解决半导体产业设备的卡脖子问题,推动国产芯片的生产。”

这种“近水楼台先得月”的产业协同,正是产业园设计的精妙之处。产业园运营方——黄渤海投资发展集团副总经理谢建坤指着园区沙盘解释:“我们不是简单地把企业聚集在一起,而是按照产业链的逻辑进行空间布局,为整个地区凝聚未来的产业高地。睿创微纳就像一棵参天大树,它的技术根系自然滋养着配套企业的生长。”

生态密码——让创新在漫步中发生

在山东蔻奢自动化设备有限公司的实验室里,一台3D结构光测量仪正在进行最后的调试。这款与华为联合开发的产品,成本仅为进口设备的1/3,但性能却毫不逊色。“选择入驻产业园,正是看中这里的产业集群效应,”董事长赵海奇坦言,“园区不仅帮我们对接了首批客户资源,更重要的是在政策申报、人才招聘等方面提供了‘一站式’‘专员式’服务,让我们能把更多精力投入到技术研发上。”

园区管理者深谙产业链协同之道,对材料、设备、设计等关键环节精心布局:从魔技纳米的激光直写设备到睿瓷的陶瓷基底加工,到奇创芯源的红外探测器的链条,再到横向促成入驻企业产品技术跨界融合,催生创新产品。“步行10分钟可达”的创新生态,是产业园最珍贵的资产。

“我们测算过,企业间的技术对接时间平均缩短了一半。”谢建坤介绍,这种惊人的效率提升,源于园区精心构建的五大支撑体系:价值数亿元的共享设备平台、实时更新的专利导航系统、与高校共建的人才培养通道、覆盖企业全生命周期的金融服务,以及智能匹配的政策申报系统——这些创新要素如同毛细血管般渗透到每个企业的研发环节中。

破壁之战——在咖啡香中攻克技术壁垒

午后阳光透过玻璃幕墙,洒在园区研发办公楼的工作台上。这里正在上演一场“中国智造”的突围战：睿瓷的静电吸盘、蔻奢的纳米转台、魔技的光刻设备，这些看似独立的创新成果，实则都在为同一个目标努力——打破半导体产业链的国外垄断。

“最难的不是技术攻关本身，而是缺乏应用场景。”张巨先坦言。产业园创造的正是一个安全的“创新试验场”：睿瓷的产品可以先在睿创的产线上验证，再推向更广阔的市场；蔻奢的测量仪获得园区企业的首批订单，产品迭代速度快速提升。这种“从邻居到客户”的闭环创新模式，使技术突破的风险大幅降低。

在园区咖啡厅的一角，正在讨论技术方案的睿瓷和蔻奢的工程师们，他们面前的咖啡杯旁散落着设计图纸，热烈的讨论声中不时迸发出新的创意。“这样的场景几乎每天都在上演，”园区运营负责人笑着说，“有时候一项新技术就在这样的咖啡会谈中诞生了。”

未来图景——从产业新地到创新高原

站在产业园的屋顶平台远眺，这里与北侧的睿创总部大楼和东北侧的八角湾国际会展中心构成了产业发展的“黄金三角”。这里正在孕育着更大的可能性：在头部企业的引领下，将吸引国内外光电传感技术领域高层次人才、创业团队落户，建链、延链、补链、强链，助推烟台光电传感产业能级、规模、模式实现量质齐升。

当各地仍在比拼土地优惠和税收政策时，烟台光电传感产业园给出了产业培育的新答案：以龙头企业为创新种子，以精准的产业链设计为培育土壤，以完善的创新生态为生长雨露，最终让企业在协同发展中自然壮大。这种“热带雨林式”的发展模式，或许正是培育新质生产力的关键所在。

离开园区时，夕阳的余晖为厂房镀上了一层金色。咖啡厅里，又一场跨界技术讨论正如火如荼地进行着——那里，或许正孕育着下一个打破国外垄断的创新故事。

真金白银“礼包”
当好城市HR，烟台用心留住这些人

在烟台，“青年友好”不仅仅是一个口号。烟台与青年人才，是一场梦想与成就的双向奔赴。

多彩活动让青年人才融入“烟台味”

2025年1月18日，市委人才办、市人社局、市住建局、市文联联合市人才科创发展集团举办首场“乐在烟台·别young新春”活动——青年人才联谊会，邀请驻烟高校、重点企业等15家单位的150名新引进青年人才代表，通过人才政策解读、高品质住宅推介、文艺节目和互动游戏、品尝烟台特色美食等丰富的形式，助力其更好地融入烟台、扎根烟台，为城市发展贡献力量。

“大政归心添美满　小龙盘锦庆团圆”“福贴千门中国红　春苏万物小龙舞”……活动现场，来自烟台市书法家协会、烟台市美术家协会的10余名书法家和画家饱含热情创作，他们现场挥毫泼墨，笔笔生花，书写出寓意吉祥的春联与“福”字，绘制出精美的画作。一幅幅各具特色的书法和绘画作品令人赏心悦目，青年人才们都感受到浓浓的文艺气息和节日氛围。

青年人才不仅在各自的专业领域熠熠生辉，更是多才多艺，藏龙卧虎。充满激情与活力的舞蹈串烧《舞动青春》、深情独唱《遇见你的时候所有星星都落到我头上》《爱就一个字》《意外》……青年人才带来的精彩节目，让现场充满了青春活力与艺术魅力。这不仅是一次人才联谊，更是一次青春

聚会。活动中,“你比我猜”“多人合照”等趣味游戏,加深了青年人才之间的互动和了解,增进了友谊,释放了欢乐。海肠捞饭、鲅鱼水饺、烟台焖子、炸蛎黄……晚宴环节,独具烟台特色的美食打开了很多异地来烟的青年学子的味蕾,增强了他们对“烟台味”的了解和饮食文化的融入。“通过这次活动,我深深感受到了烟台这座城市对我们这些外来青年人才的尊重和关爱,以及‘仙境海岸　品重烟台’的魅力!”新入职万华化学集团股份有限公司的“00后”黑龙江青年人才李世龙说。他参加了互动,领取了福字,他要带着这份烟台的“福气”回家过年。

10个大礼包充分释放人才诚意

青年人才联谊活动正式拉开了2025年“乐在烟台•别young新春”高层次人才“春节礼遇季”系列活动的序幕。如何让广大高层次人才感受到烟台的城市温度、新春温暖?烟台市将面向全市持有山东惠才卡、烟台优才卡、优青卡的高层次人才,通过10个大礼包释放人才诚意。青年人才联谊是第一个大礼包,此外还有以下9重大礼。

返乡座谈:以区市为单位,组织返乡高层次人才开展座谈交流,以乡音乡情为纽带,畅通常态化沟通联系渠道。新春祝福:以区市为单位,通过上门走访慰问的形式,向市级以上领军人才和返乡高层次人才发放1000份“人才烟台”新春大礼包。畅游礼包:春节期间,蓬莱阁、三仙山等全市30多个景区景点提供免费入园游览服务。观影礼包:春节期间,面向青年人才比较集聚的区市,分批次免费发放电影观影券。入住礼包:春节期间,面向青年人才比较集聚的区市,征集一批高品质酒店或宾馆、民宿等,每名符合条件的高层次人才可享受1晚免费住宿服务。年货礼包:春节期间,面向烟台中心城区征集一批有一定规模和影响力的连锁商超,推出“人才烟台”年货大礼包,面向人才提供购物折扣优惠。美食礼包:春节期间,面向青年人才比较集聚的区市征集一批高品质餐饮企业,推出“人才烟台”餐饮套餐,面向人才提供餐饮折扣优惠。“焕新”礼包:协调部分厨卫商家,在落实好烟台市家装厨卫“焕新”政府补贴政策基础上,继续提供叠加优惠折扣。健康礼包:面向全市博士及以上高层次人才免费赠送1500份“烟台市民健康保”。一份鼓鼓的“青春礼包”,带领青年人才们认识这座城市的文化,品尝这座城市的美食,领略这座城市的风光……烟台真金白银、真心懂得,让更多青年人才了解烟台、爱上烟台、留在烟台,做这座城市的“合伙人”。

生活、购房、留学人才政策三轮升级

青年人才是城市创新发展、永续发展的活力所在。近年来,烟台市连续出台三轮人才政策,加快推动青年发展友好型城市建设,努力让烟台成为八方英才的逐梦之地、圆梦之城。活动上,为在场青年人才解读了生活补贴、购房补贴、留学补贴等人才补贴政策。

目前,对首次到烟台市企业工作的符合条件的博士、硕士、本科及专科生,首次到烟台市事业单位工作的符合条件的博士、急需紧缺硕士及本科生,在烟台缴纳社保满一年后,按照博士每人每年3.6万元、硕士每人每年2.4万元、本科每人每年1.2万元、专科每人每年6000元标准发放生活补贴,补贴时限3年。对重点产业领域制造业企业中符合条件的重点高校博士、硕士、本科生,生活补贴时限可延长至5年。符合上述条件的人才,在烟台缴纳社保满一年并新购符合条件的商品住房的,还可申领购房补贴,具体补贴标准是:按照购房金额的30%,最高给予博士20万元、硕士10万元、本科5万元、专科2万元一次性购房补贴。其中重点产业领域制造业企业符合条件的重点高校博士一次性购房补贴可提高至26万元。此外,对首次到烟台市企事业单位工作的符合条件的重点海外高校博士、硕士,还可以享受每人15万元、6万元一次性留学费用补贴。目前,烟台市人才补贴实行全程网办,最大限度地调用社保、学历学位、住房、婚姻等大数据,尽量做到不要或少要纸质材料。个人或工作单位可登录烟台市人社局官网,点击网上办事大厅,在人事人才板块中选择相应的补贴申请,进行在线申报。青年人才是烟台最想留住的“后浪”,烟台也正努力成为一方全力承载人才的港湾。青春之约,筑梦远航。烟台正敞开怀抱,与青年人才一道,奋进新征程,共创山海之城的活力未来!

后 记

人才是城市发展的核心动力，烟台市作为山东省“三核引领”城市之一，在人才发展领域的探索与实践极具示范意义。这座城市在“中国最具人才吸引力城市”“中国‘95后’最具人才吸引力城市”榜单中均居中国北方地级城市第1位。近年来，烟台市在产才融合、平台建设、机制创新等方面形成了独特的“烟台模式”——从“两区两岛一谷”的产业人才布局，到“一个产业集群、一个科创平台”的闭环生态，烟台的人才工作始终与产业发展同频共振，其经验为全国同类城市提供了宝贵参考。

编制《烟台市人才发展蓝皮书(2025)》，既是对烟台人才工作创新实践的系统梳理，也是山东省人才发展战略研究院与地方携手探索人才引领高质量发展路径的一次深度实践。

山东省人才发展战略研究院作为中共山东省委组织部和山东大学共建的研究机构，始终以服务国家和区域人才战略为核心方向，聚焦区域人才战略、人才政策、产才融合机制以及企业事业单位人才管理实践等重点领域，致力于为地方人才工作提供理论支撑与实践指引。自2023年起，山东省人才发展战略研究院与烟台市人才科创发展研究院开启深度合作，组建联合研究团队，针对烟台市重点产业领域标杆企业和单位先后开展多轮实地调研，为本书的编制奠定了扎实的实践基础。

本书的顺利完成，离不开多方力量的鼎力支持，在此表示感谢。感谢烟台市委人才工作领导小组办公室全程统筹协调，为调研团队提供了政策解读、数据共享等全方位保障；感谢烟台市人力资源和社会保障局，以及各区市人才工作领导小组办公室积极配合,梳理提交了翔实的区域人才工作素材,确保了13个区市人才竞争力分析的客观性与精准性;感谢万华化学、荣昌制药、绿叶制药、明石创新等单位为团队提供了宝贵的人才管理、产才融合和平台建设等方面的经验素材;感谢人才山东、《烟台日报》等主流媒体为研究团队提供新闻报道内容,生动呈现了社会各界对烟台人才工作的观察与反响。这些素材既是对烟台人才工作成效的真实记录,也为本书增添了鲜活的社会视角。

人才工作永远在路上。希望本书能为各地人才工作提供有益借鉴,更期待与社会各界继续携手,共同探索新时代人才发展的新路径,为人才强国建设贡献智慧与力量。

由于时间仓促及水平有限,书中难免存在疏漏,恳请读者批评指正。

编　者

2025年6月

山东省人才发展战略研究院
简介

山东省人才发展战略研究院(以下简称"研究院")是由中共山东省委组织部和山东大学合作共建的研究机构,成立于2020年10月14日。研究院以"聚焦重大问题,服务国家战略"为宗旨,致力于研究国家、山东省在人才发展战略、区域人才政策制定以及企业事业单位人才管理等方面面临的重大理论和实践问题。研究院通过加强与相关单位和部门的合作交流,承担重要研究课题,提供资政建言服务,为未来人才发展战略研究方面的专业力量培养和学科建设打下坚实基础。

研究院自成立以来,借鉴国内外著名智库的管理经验,全球招聘、广募人才,现已组建了一支由院长、研究员、副研究员和助理研究员等组成的专、兼职研究队伍,取得了较为扎实的工作积淀:多位老师主持承担国家社会科学基金重大项目、国家自然科学基金项目、教育部人文社科基金项目、山东省自然科学基金项目、山东省重点研发计划(软科学)项目和中国博士后基金项目等多项国家级和省部级课题;多篇学术论文发表在 Strategic Management Journal(UTD24)、Human Resource Management(FT50)、Journal of Business Ethics(FT50)及《管理世界》《南开管理评论》等国内外顶尖学术期刊。

研究院高度重视并深度参与国家、山东省以及地市的人才研究工作。先后在第二届、第三届山东人才创新发展大会(海洽会)发布《2022年山东省人才发展报告》《2024年山东省"四链"融合发展研究报告》,并被央视新闻、人民论坛网、新华网、大众网等多家知名媒体转载报道。完成(或在研)《山东省人才竞争力研究报告》《青岛市“四链”合一赋能人力资源产业发展研究报告》《潍坊市“四链”融合发展研究报告》《烟台市人才竞争力研究报告》《聊城市人力资源服务业发展报告》《新疆生产建设兵团第十二师“十五五”人才发展规划》《XX市国有企业人才队伍建设调研分析报告》《XX集团“十五五”人才发展规划》《XX大学人才队伍建设与学科发展分析报告》等课题报告,以及《教育、科技、人才一体化推进机制研究》《打造高等教育共同体提升省属高校人才培养能力研究》《建设产教融合共同体精准培养产业人才路径研究》《山东省顶尖人才集聚培育创新机制研究》《山东省青年科技人才分类评价体制机制研究》《完善青年科技人才引进培育全链条支持机制》《新时代人才计划项目管理机制改革研究》《重点引才来源国家和地区海外人才政策趋向研究》等数十篇资政报告;多篇资政报告获得时任省委领导肯定性批示以及国务院办公厅、教育部、科技部等相关部门采纳。同时,研究院广泛集聚重要专家力量,先后举办山东省人才战略论坛、山东省人才创新发展大会平行论坛、人力资源与人才创新发展国际研讨会、山东省人才发展战略咨询座谈会、学习贯彻党的二十大精神研讨会、数十届人才沙龙活动和“人才大讲堂”专题报告会等一系列重要会议,凝聚了省内外多名知名专家共同开展人才发展战略研究。

锚定“三个走在前”,研究院正致力于内涵式发展,通过提高研究质量,推动内容创新,提升服务决策的能力水平,努力将研究院建成国内一流、世界知名的高端智库和理论研究基地。为实现这一目标,研究院正进一步整合国内外研究力量,联合省内外高等院校和科研机构,吸引一批人才管理及相关学科领域的专家,共同开展管理学前沿理论和人才管理实践研究,着力解决国家、山东省在人才发展、政策落实和评估方面面临的重大理论和实践问题。

山东省人才发展战略研究院公众号

联系电话:0531-88361808

联系人:张老师

地址:山东省济南市山大南路27号山东大学中心校区